U0730256

美丽之江文库——新型城镇化的浙江实践与理论创新丛书

杭州市规划和自然资源局富阳分局课题

乡村振兴 富阳实践

——打造现代版"富春山居图"

Rural Revitalization, Fuyang Exploration

Creating Modern Edition of Dwelling in the Fuchun Mountains

武前波 王波 等著

中国建筑工业出版社

图书在版编目（CIP）数据

乡村振兴 富阳实践：打造现代版"富春山居图"/
武前波等著.—北京：中国建筑工业出版社，2019.10
（美丽之江文库.新型城镇化的浙江实践与理论创新
丛书）
杭州市规划和自然资源局富阳分局课题
ISBN 978-7-112-24181-1

Ⅰ.①乡…　Ⅱ.①武…　Ⅲ.①城市化-建设-研究-
富阳　Ⅳ.①F299.275.54

中国版本图书馆CIP数据核字（2019）第202235号

　　本书所展示的正是新时代乡村振兴背景下杭州市富阳区乡村建设实践及其经验探索。首先，对富阳乡村振兴全域概貌进行了系统梳理，总结了打造现代版"富春山居图"的发展历程及其规划措施；其次，从"形态""业态""社态""文态""生态"五大方面解析了富阳乡村振兴的地方经验及其营造绩效，并辅以具体的乡村设计实践案例；最后，提出富阳乡村振兴的具体策略和保障机制，并从信息化视角对未来乡村振兴进行了展望。

　　本书可供广大城乡规划师、城乡规划管理者等学习参考。

责任编辑：吴宇江
责任校对：王烨

美丽之江文库——新型城镇化的浙江实践与理论创新丛书
杭州市规划和自然资源局富阳分局课题

乡村振兴 富阳实践——打造现代版"富春山居图"

武前波　王波　等著

*

中国建筑工业出版社出版、发行（北京海淀三里河路9号）
各地新华书店、建筑书店经销
北京光大印艺文化发展有限公司制版
北京中科印刷有限公司印刷

*

开本：787×1092毫米　1/16　印张：12　字数：232千字
2020年10月第一版　2020年10月第一次印刷
定价：98.00元
ISBN 978-7-112-24181-1
（34695）

版权所有　翻印必究
如有印装质量问题，可寄本社退换
（邮政编码100037）

本书撰写组

撰写单位：

    浙江工业大学　杭州市规划和自然资源局富阳分局

主要著作人：

    武前波　王　波　陈前虎　盛国宏　袁泽平

其他著作人：

    孙文秀　张叶琼　潘　兵　黄叶华　楼佳飞　丁品品

编辑助理：

    孙文秀　张叶琼

丛书序

自1978年改革开放以来，我国开始进入全球化时代的城市快速发展时期。截至 2018年年底，我国城镇化率达到59.58%，波澜壮阔的中国城镇化进程能否持续健康发展，正在三个层面影响着我们生活的这个星球：一是微观层面上，每个国民的生活环境与品质；二是中观层面上，中华民族的和平崛起与伟大复兴；三是宏观层面上，全球的合作与安宁。面对如此重大的全球性影响事件，新型城镇化自然成为我国的重大战略选择。

2012年，党的十八大明确提出"新型城镇化"和生态文明战略，指出城镇化是我国现代化建设的历史任务，同时也是扩大内需的最大潜力所在，要围绕提高城镇化质量，因势利导、趋利避害，积极引导城镇化健康发展；要构建科学合理的城镇格局，大中小城市和小城镇、城市群要科学布局，与区域经济发展和产业布局紧密衔接，与资源环境承载能力相适应；要把有序推进农业转移人口市民化作为重要任务抓实抓好；要把生态文明理念和原则全面融入城镇化全过程，走集约、智能、绿色、低碳的新型城镇化道路。2017 年，习近平总书记在党的十九大上进一步强调了生态文明的重要思想，指出："建设生态文明是中华民族永续发展的千年大计，必须树立和践行绿水青山就是金山银山的理念；坚定走生产发展、生活富裕、生态良好的文明发展道路，建设美丽中国，为人民创造良好生产生活环境，为全球生态安全作出贡献。"

改革开放以来，作为资源小省、创业大省的浙江，充分发挥体制机制优势，坚持走城乡统筹一体、三次产业互动、大中小城市与小城镇及新型农村社区协调发展、节约集约、生态宜居、互促共进的城镇化之路，逐步成为经济强省，为"新型城镇化"概念作了探索性的演绎和诠释。尤其是2003年以来，浙江省坚定不移沿着习近平总书记指引的"八八战略"道路，以"千村示范、万村整治" 为突破口，紧密围绕"两美浙江"建设，持续开展并且扎实推进了"美丽县城""五水共治""四边三化""三改一拆""美丽乡村""特色小镇"" 小城镇环境综合整治""大湾区、大通道、大花园、大都市建设"等一系列战略行动，极大地提升了浙江省城乡人居环境质量，为浙江人民的高品质生活和全省的高质量发展奠定了坚实基础。浙江的实践经验表明，正确的价值观决定科学的方法论，科学的方法论需要强大的领导力保障！只有秉持"以人民为中心"的思想，坚持"三生融合"发展思路，才能真正找到一条和谐可持续的健康城镇化发展道路。

为此，总结好浙江的实践经验，提炼出独特的浙江模式，不仅是中国新型城镇化理论创新的需要，也是浙江在全国层面推动城镇化可持续实践理应分担的重任与使命。从这个意义上说,浙江的城乡规划工作者,尤其是作为研究型大学的浙江高校教师责无旁贷。由浙江工业大学联合浙江省城市规划学会策划推出的"美丽之江文库——新型城镇化的浙江实践与理论创新丛书",就是为了守住这一初心,不忘大学使命。期待丛书能春华秋实,硕果累累。

陈前虎

浙江省城市规划学会　理事长

浙江工业大学设计与建筑学院　院长

2019年12月于杭州屏峰山下

前 言

　　天下佳山水，古今推富春。600多年前，著名画家黄公望行游至此，被绝佳的山水和秀美的景色深深打动，随即结庐于此，绘就了《富春山居图》。600多年后的今天，在新时代乡村振兴背景下，习近平总书记提出了利用多样化美化打造各具特色的现代版"富春山居图"，于是全国各地争相开展更高层次的美丽乡村建设。浙江省杭州市富阳区作为黄公望创作《富春山居图》的原创地与实景地，最有条件成为乡村振兴"富春山居图"的最佳示范区。

　　早在2003年，时任中共浙江省委书记的习近平同志就开始推动"千村示范、万村整治"的乡建工程，成效显著。2005年党的十六届五中全会明确提出了建设社会主义新农村是我国现代化进程中的重大历史任务，这标志着我国农村建设进入了新的发展阶段。其中，"生产发展、生活宽裕、乡风文明、村容整洁、管理民主"的总要求指明了建设社会主义新农村的方向和重点。以农村建设、农村人居环境改善为重点的村庄整治得到了从中央到地方以及社会各界的广泛重视。

　　2010年浙江省开展美丽乡村建设行动计划，并随之推广到全国开展美丽乡村创建活动。2017年习近平总书记在党的十九大报告中提出了实施乡村振兴战略，明确了"产业兴旺、生态宜居、乡风文明、治理有效、生活富裕"的总要求。2018年习近平总书记指出要着力推进乡村产业振兴、人才振兴、文化振兴、生态振兴和组织振兴。同年，中共中央、国务院印发了《乡村振兴战略规划（2018—2022）》。

　　近年来，富阳区始终坚持"兼田园之美，具城市之利"的理念，扎实推进社会主义新农村建设，富春山居式的乡村建设卓有成效。为了做好乡村振兴这篇文章，进一步推进城乡统筹发展，近期富阳区以"浙派杭派"民居为典范，探索地域特色风貌乡建民居营造的新模式。自2016年起，力争通过3年努力，打造8~10个具有示范效应的美丽宜居示范村。以"浙派民居"洞桥镇文村为切入点，陆续打造场口镇东梓关村、大源镇望仙村、新登镇秉贤村等几个具有江南风貌特色的古韵新居，并使之成为山水相映、入乡随俗、就地取材、低碳环保的"杭派民居"样板，再现了现代版"富春山居图"画卷。

　　这些新型"浙派杭派"民居，不仅广受当地村民欢迎，出现建房分房供不应求的现象，更吸引了大量外地游客。省内外来参观取经的人络绎不绝，既增加了地方农民收入，带来了社会投资，又孕育了新型业态，形成了相对独特的富阳乡村建设模式，为新时代乡村振兴开好了头、起好了步。2016—2018年，央视等多家媒体相继对富阳文村、东梓关村的浙派杭派民居进行了多次报道，将其称为"中国最美乡村回迁房"，并迅速成为全国关注的焦点，取得了轰动社会的"网红效应"。

　　2017年，杭州市富阳区富春街道宵井村、银湖街道金竺村、场口镇青江村、常安镇横槎村、龙门镇龙门三村入选杭州市第二批"杭派民居"示范村的创建名单，并有10个杭派民居旧村改造项目投入建设。针对这些示范性村落所处的广阔乡村地带，未来将按照现代版"富春山居图"营造理念，以点带面，全域推进，通过系列规划设计实践，积极打造现代版"富春山居图"最美示范区，进而推动浙江省以更加稳健的步伐向全国乡村振兴先行示范区迈进。

　　本书所展示的正是新时代乡村振兴背景下杭州市富阳区乡村建设实践及其经验探索。首先，对富阳乡村振兴全域概貌进行了系统梳理，总结了打造现代版"富春山居图"的发展历程及其规划措施；其次，从"形态""业态""社态""文态""生态"五大方面解析了富阳乡村振兴的地方经验及其营造绩效，并辅以具体的乡村设计实践案例；最后，提出富阳乡村振兴的具体策略和保障机制，并从信息化视角对未来乡村振兴进行了展望。杭州市规划和自然资源局富阳分局、富阳区农业农村局为本书提供了各类乡村规划设计资料并给予实地调研的协助。

　　本书的第一章、第四章、第五章由武前波、孙文秀、陈前虎完成，第二章、第三章、第六章由武前波、潘兵、孙文秀、楼佳飞、丁品品完成，附录A由孙文秀、楼佳飞完成，附录B由武前波、潘兵、孙文秀、楼佳飞、丁品品完成，附录C由武前波、楼佳飞完成。其中，浙江工业大学陈前虎教授提出的乡村振兴"五态融合"理念，成为贯穿本书的重要线索，即形态是基础，社态是关键，文态是基因，生态是基底，业态是根本。原杭州市规划局富阳分局王波，杭州市规划和自然资源局富阳分局盛国宏、袁泽平、张叶琼、黄叶华给予的撰写建议与想法，均被吸纳到本书的写作中。浙江省人民政府咨询委员会副秘书长徐志宏、浙江省城乡规划设计研究院院长陈桂秋、浙江省社会科学院调研中心主任查志强、浙江省城市化发展研究中心洪明、原杭州市规划局沈黎明在专家咨询会上给予了宝贵建议。同时，本书也引用了相关规划设计单位参与富阳乡村振兴建设的图纸与摄影资料，并在文中做了注明。全书由武前波统稿。

　　希望本书的出版，能够为新时代乡村振兴和"美丽中国""美丽浙江"建设贡献一分力量！

目
录

从乡村营造到乡村振兴

第一章　从乡村营造到乡村振兴

一、乡村振兴：打造现代版"富春山居图"

　　2017年10月，习近平总书记在党的十九大报告中提出实施乡村振兴战略，明确了"产业兴旺、生态宜居、乡风文明、治理有效、生活富裕"的总要求；2017年12月，习近平总书记在中央农村工作会议上提出"走中国特色社会主义乡村振兴道路"，要注重地域特色，尊重文化差异，打造各具特色的现代版"富春山居图"（图1-1）。2018年3月，习近平总书记在参加山东代表团审议时强调，实施乡村振兴战略是要统筹谋划、科学推进，指明了推动"乡村产业振兴、乡村人才振兴、乡村文化振兴、乡村生态振兴和乡村组织振兴"五大具体路径。2018年9月，中共中央、国务院印发了《乡村振兴战略规划（2018-2022）》，明确提出了坚持乡村振兴和新型城镇化双轮驱动，统筹城乡国土空间开发格局，优化乡村生产生活生态空间（图1-2），分类推进乡村振兴，打造各具特色的现代版"富春山居图"。

　　在新时代乡村振兴背景下，杭州市富阳区作为我国古代著名画家黄公望创作《富春山居图》的实景地和原创地，积极响应乡村振兴战略实施，坚持"兼田园之美、具城市之利"的理念，扎实推进社会主义新农村建设，富春山居式的乡村建设卓有成效。在近15年的乡村建设过程中，富阳以"八八战略"为总纲，持续发力推动美丽乡村、美丽城镇、美丽经济"三美"建设，积极打造现代版"富春山居图"最美示范区。其中，前期开展的具有富阳特色的"富春山居·美丽乡村"建设，不仅是富阳城乡区域统筹发展和美丽乡村建设的点睛之笔，也是破解"城乡二元"结构的"富阳解法"和"富阳智慧"，更是对《富春山居图》传承的最深刻回应。

　　在此过程中，富阳始终坚持规划引领，注重城乡融合，以高起点的规划、高品质的建设和高强度的管控为抓手，不断深化开展乡村建设"千万工程"，致力于实现全域乡村秀美的新格局，建设成为"美

2017年中央农村工作会议

习近平总书记提出：要注重地域特色，尊重文化差异，打造各具特色的现代版富春山居图。

——2017年中央农村工作会议

坚持乡村振兴和新型城镇化双轮驱动，统筹城乡国土空间开发格局，优化乡村生产生活生态空间，分类推进乡村振兴，打造各具特色的现代版"富春山居图"。

——乡村振兴战略规划（2018-2022）

图1-1　新时代乡村振兴战略与打造现代版"富春山居图"

乡村空间营造是中央乡村振兴战略的重中之重

➤ 战略强调统筹"三生"空间

宜居适度生活空间

- 遵循乡村传统肌理和格局
- 维护原生态村居风貌
- 保护自然和人文环境
- 注重融入时代感、现代性
- 合理配置公共服务设施

集约高效生产空间

- 严格保护农业生产空间
- 科学划分乡村经济发展片区
- 统筹推进农业产业园、科技园、创业园等各类园区建设

2018年中央一号文件公布
全面部署实施乡村振兴战略
中共中央　国务院关于实施乡村振兴战略

山清水秀生态空间

- 加强对自然生态空间的整体保护
- 修复和改善乡村生态环境

"望得见山，看得见水，记得住乡愁"

图1-2　乡村空间营造与乡村振兴战略

丽乡村"的浙江样板升级版。富阳乡村建设以其特色化地方建筑及环境重塑了"富春山居图"之美景，响应了习近平总书记对美丽乡村建设的期望与号召。在新时代乡村振兴道路上，富阳不断突破尝试、总结经验、创新技术、频创佳绩，具有全国性的引领示范和推广价值。

二、富阳实践：从美丽乡村到浙派、杭派民居

1.以浙派、杭派民居营造深化美丽乡村建设

　　2003年浙江省启动"千村示范、万村整治"工程，拉开了农村人居环境建设的序幕，也推动了浙江率先走向全国乡村振兴前列，并荣获了2018年联合国最高环保荣誉"地球卫士奖"（图1-3）。继2010年浙江省实施美丽乡村行动计划之后，2014年6月浙江省住房和城乡建设厅确定在富阳洞桥镇开展省级美丽宜居示范村庄建设试点工作，即浙派民居，积极探索新型城镇化背景下传统古村落保护的有效途径与方式，为全省美丽宜居村庄建设提供经验示范。2014年12月，杭州市人民政府办公厅印发《"杭派民居"示范村创建工作实施办法》，提出以改革为动力，以增加农民收入为根本，计划用两年时间打造"杭派民居"示范点，进而通过典型示范、以点带面，培育一批乡村民居典范，首批入选有13个示范村。

　　在浙江省市政策支持下，富阳区规划部门积极编制杭派民居试点村规划，并配合区农办做好建设推进工作，成功打造了场口镇东梓关村、大源镇望仙村、新登镇秉贤村等几个具有江南和杭州特色的"杭派民居"样板。由此，形成了以"浙派民居"洞桥镇文村为切入点，以8~10个杭派民居为典范的独具地域特色风貌的乡村建设新模式。其中，新民居试点的乡村

营造重在空间景观重建与塑造，属于乡村建设复杂体系的重要组成部分，有助于引发乡村产业、社会、文化、组织等方面的全面复兴。

图1-3 杭州市富阳区美丽宜居示范村建设

截至目前，富阳区持续探索深化美丽乡村建设，已完成风情小镇4个、特色村20个、精品村40个、精品线路16条、历史文化名村保护规划11个以及杭派民居试点建设9个，形成了一批新时代乡村振兴的建设试点，并计划在2~3年内逐步打造100个精品村、1000个示范农户（图1-4）。其建设经验表现如下：（1）创新建设内容，强调"五态融合"，创造性地以"形态"营造为村庄发展契机，同时重视提升"业态"，注重优化"社态"，兼顾"文态"传承和"生态"保护。（2）创新形态设计，坚持设计先行，让乡村美成

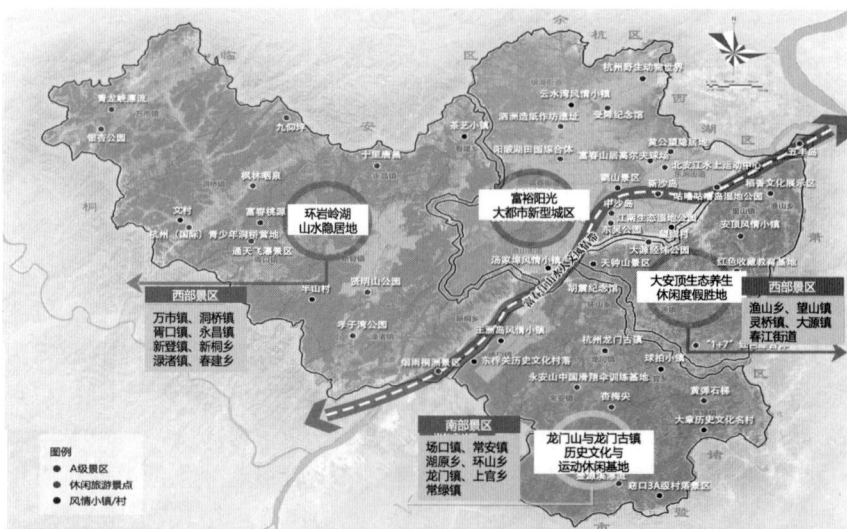

图1-4 富阳乡村建设概况

为一种功能和需求。(3)创新建设模式,以标准化、制度化的推进模式引领乡村全域化发展。(4)创新工作方法,协同共推精细规划与项目设计,力促乡村规划落地。(5)创新参与形式,鼓励设计团队主动服务、提前介入,合力推动乡村高标准建设。(6)创新发展路径,以乡村空间重塑带动产业振兴,实现村庄美丽经济发展。(7)创新管理机制,重视培育乡村治理内生动力,以治理多元化促进富阳乡村建设。

2.以"五态融合"乡村建设推动乡村振兴

在浙江省美丽乡村建设行动计划(2011–2015)中,制定了加快社会主义新农村建设,努力实现生产发展、生活富裕、生态良好的目标,以及"科学规划布局美、村容整洁环境美、创业增收生活美、乡风文明身心美"的要求,着力推进农村生态人居体系、农村生态环境体系、农村生态经济体系和农村生态文化体系建设。2017年党的十九大报告提出实施乡村振兴战略和"产业兴旺、生态宜居、乡风文明、治理有效、生活富裕"的总要求,以及"产业振兴、人才振兴、文化振兴、生态振兴和组织振兴"的新时代乡村建设。基于以上乡村振兴要点可知,未来乡村建设更为强调产业经济、社会治理、环境营造、生态保护、文化传承的全面发展,由此构建出以"业态、社态、形态、生态、文态"为核心内容的"五态融合"体系(图1-5),这将成为当前及未来乡村振兴开展的主要议题,也是新时代乡村建设综合提升的系统化动力。

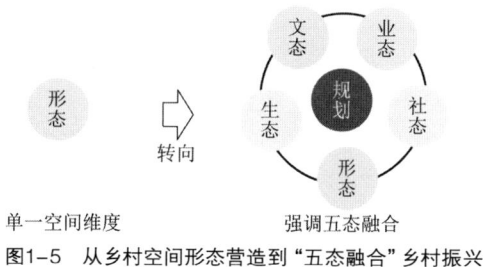

图1-5 从乡村空间形态营造到"五态融合"乡村振兴

在全国乡村振兴战略背景下,富阳乡村建设积极实施"五态融合"策略(图1-6),以乡村"形态"营造引领"业态""社态""生态"和"文态"的全面提升。其中,强调规划设计在美丽乡村建设中的重要引领作用,坚持设计先行,注重乡村"形态"营造,转变观念,倡导美观成为乡村必不可少的功能与需求。与此同时,富阳乡村建设也秉持着"五态融合"的营造理念,借助"形态"的先行转变引发"业态""社态""生态"和"文态"的升级发展,进而实现乡村全面振兴。乡村振兴从始至终都是乡村营造的出发点以及落脚点,乡村营造则是富阳响应乡村振兴战略、实现乡村全面发展的一种独特创新路径与创新模式。

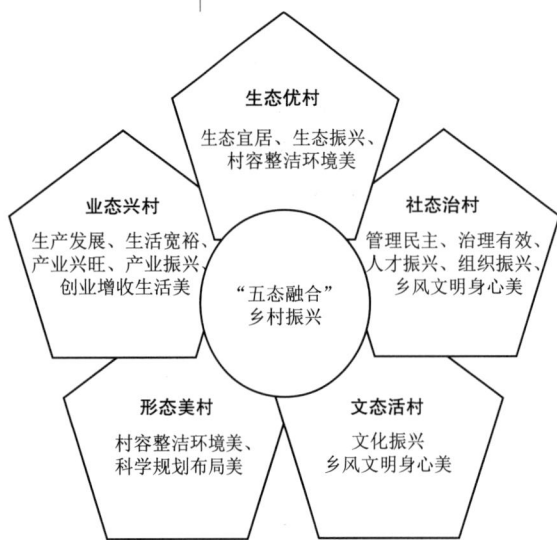

图1-6　乡村振兴与"五态融合"

近年来在打造现代版"富春山居图"最美示范区过程中,富阳通过规划引领已经建成了以文村、东梓关村等多个浙派、杭派民居为代表的美丽宜居示范村,成为全国网民关注的焦点,深受社会好评。一是村民高度向往。如望仙村建成后,由于房屋设计美观,建筑成本低,受到当地村民广泛欢迎,73套房子吸引了150余户村民的排队认购。东梓关村也出现了46套房子80余户抢购的情况,并引起乡村人口回流;二是企业积极参与。2017年年底仅众安集团在文村周边地块的预期开发投资达30.55亿元,东梓关村也有开元集团、浙旅集团相继注资,富阳全区涉及乡村产业项目投资达230亿元;三是游客乐于驻足。2018年国庆节期间,仅东梓关村(1300余村民)就接待游客37.85万人次,通过富春江"百鲜宴"等活动,村民实现收入800余万元,9家民宿收入达26.80万元,真正实现了将"美丽乡村"转化为"美丽经济",规划引领着乡村振兴向纵深推进。

三、研究思路

本书主要是对乡村振兴战略背景下富阳乡村营造的过程及其经验要点进行探索分析。在全面分析当前富阳全域打造现代版"富春山居图"的基础工作之上,将"浙派民居""杭派民居"试点工作的典型村落作为重点研究对象,选取洞桥镇文村、场口镇东梓关村和大源镇望仙村为乡村规划与建设典范案例,立足于"五态融合"视角,从"形态""业态""社态""生态"和"文态"开展深入分析,评价和总结富阳乡村营造特征和营造绩效。其中,乡村营造1.0版的文村,倡导文脉延续、留住乡愁;2.0版的东梓关村强调新旧融合,以新空间激活乡村新经济;3.0版的望仙村注重民主协商、生态集约,以公开民主的社态治理推进乡村建设。在上述基础之上,并延续产生了多元化的富阳乡村营造模式及其典型案例。

在研究过程中,运用定性分析与定量研究相结合的方法,系统研究和探讨富阳乡村的营造实践。具体方法包括文献阅读、现场调研、纵向历史逻辑梳理比较、横向定性比较分析以及量化层次分析等。

(1)文献阅读:对富阳相关的规划政策、已有的规划成果以及涉乡村产业、社会、文化、环境等方面的相关文献进行阅读和整理,力求整体了解和掌控。提炼出以"形态、业态、社态、生态、文态"为重点的乡村"五态融合"发展模式,并构建出富阳乡村营造绩效评价的"五态"指标体系。

（2）现场调研：为了获得第一手研究资料，对富阳近年来推进"浙派民居""杭派民居"试点的部分村庄进行实地调研。调研主要分为三个阶段：2018年6-7月，对村庄进行了初步实地踏勘，深入了解村庄规划建设概况；8月上旬，召集各镇规划建设单位工作人员开展座谈会；8月中下旬至9月，研究者分别在村庄进行了问卷调查及实地访谈；10-12月，根据各轮次研究成果的汇报与讨论，不间断开展了补充性调研。

（3）定性分析：一是基于相关资料文献，纵向梳理概括富阳乡村建设的营造历程、浙派杭派民居的推进过程以及取得的建设成果，详细论述富阳乡村营造开展的缘起以及当前发展格局，由此揭示出富阳乡村建设的发展过程和未来发展趋势；二是为了客观地研究分析以"浙派民居""杭派民居"试点推进为契机下的富阳乡村建设特征，选取文村、东梓关村和望仙村三个村庄为典型案例，以实地访谈、踏勘观察内容为资料依据，从"形态、业态、社态、文态、生态"五个方面总结分析富阳乡村建设特征。

（4）定量研究：选取文村、东梓关村和望仙村三个村庄为研究对象，开展富阳乡村营造的绩效评价。以实地调研方法获取翔实的调研数据作为量化研究基础，运用层次分析法（AHP）确定指标赋分标准和指标权重，从"形态、业态、社态、文态、生态"五个方面构建指标体系，采用定性和定量结合的方法进行综合分析、考量，评价富阳最新乡村建设绩效。

最终本书形成以下技术路线（图1-7）：

从乡村营造到乡村振兴

乡村振兴：打造现代版"富春山居图" → 富阳实践：从美丽乡村到浙派杭派民居

研究思路：研究对象、研究方法与技术路线

富阳乡村振兴全域概貌

缘起《富春山居图》 → 现代版"富春山居图"

富阳乡村振兴历程 —— 富阳浙派、杭派民居营造

富阳乡村振兴经验探索

富阳乡村振兴典型村庄：1.0版文村；2.0版东梓关村；3.0版望仙村

形态：设计先行，让美观成为功能和需求 →	村落风貌营造
	空间环境塑造
	单体建筑设计
业态：多元产业，创新创意带动美丽经济 →	"文艺村落"引发的民宿经济
	"富春山居图"式的颐养小镇
	"旧产新生"的生态宜居乡村
社态：共同缔造，构建乡村治理共同体 →	政府主导、企业协同
	政府主导、村民参与
	政府引导、村民自主
文态：传承复兴，挖掘文化资源新特色 →	地方文化传承
	传统空间保护
	特色元素彰显

生态：和谐共生，打造自然生命共同体 →	就地取材	统一建造
	旧房新用	环境友好

富阳乡村营造绩效评价

富阳浙派、杭派民居营造典型村庄：1.0版文村；2.0版东梓关村；3.0版望仙村

研究概况 → 层次分析法（AHP）评价体系构建

形态评价	业态评价	社态评价	文态评价	生态评价

富阳乡村振兴策略创新

乡村振兴创新启示 —— 乡村振兴策略措施 —— 乡村振兴机制保障

乡村振兴未来展望

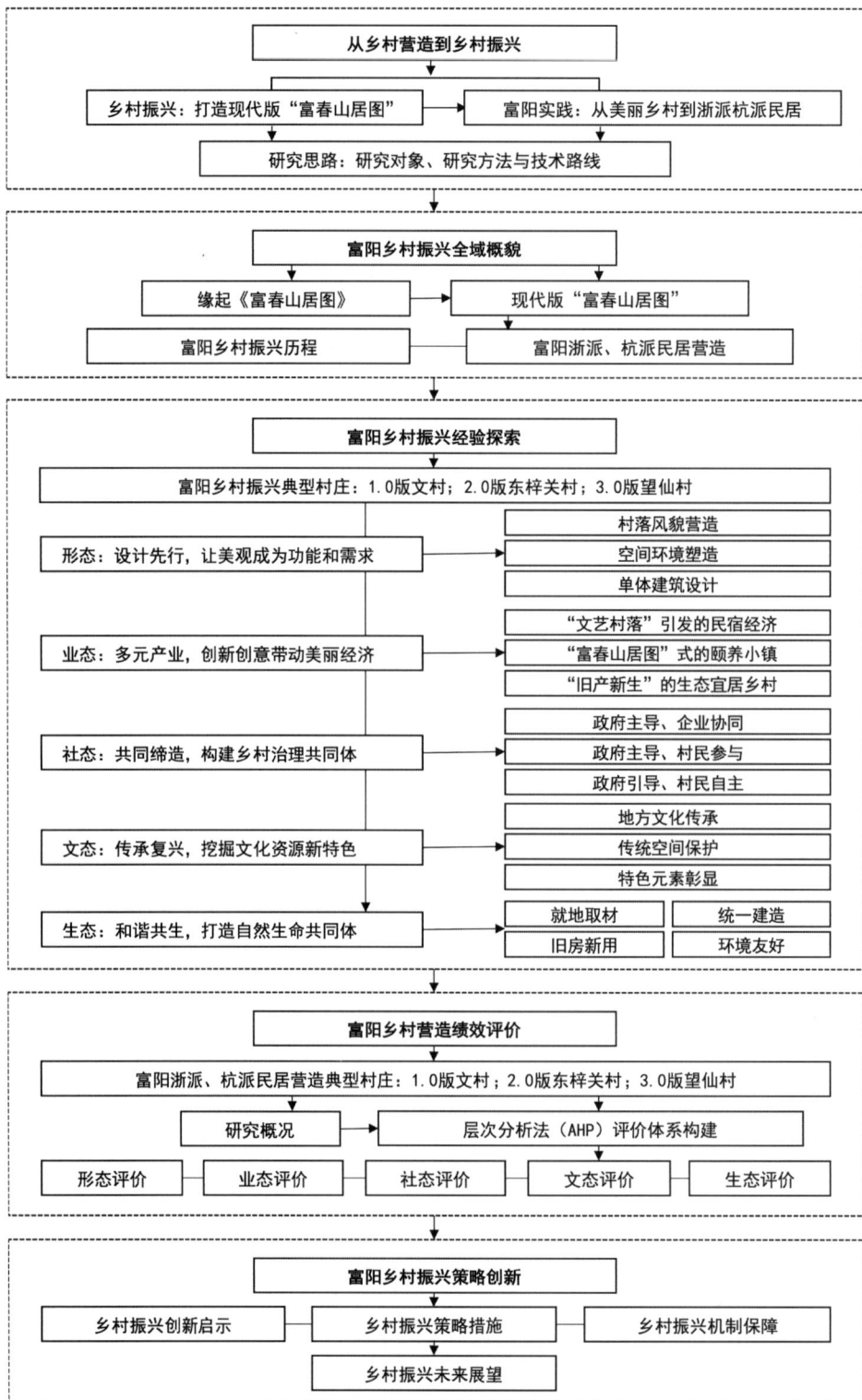

图1-7　研究技术路线

富阳乡村振兴全域概貌

第二章 富阳乡村振兴全域概貌

一、缘起《富春山居图》

山水佳天下,古今推富春。富阳古称富春,于秦王政二十六年(公元前221年)置县,现为杭州市辖区,与西湖区、萧山区、余杭区接壤,地理区位优势十分突出。富阳地处丘陵,地形丰富多元,兼备山地、平原、河谷等多种类型,素有"八山半水半分田"之称。其整体地貌以"两山夹江"为最大特征,天目山余脉绵亘西北,仙霞岭余脉蜿蜒东南,如画富春江横贯全境,流程52km,山清水秀、景色迤逦,可谓天下独绝。追溯往昔,600多年前元代大画家黄公望在富春江畔结庐隐居,绘下被世人誉为"画中之兰亭"的《富春山居图》,山城之美、江城之秀跃然纸上(图2-1)。

《富春山居图》所刻画的"远山长、云山乱、晓山青"的景致

图2-1 《富春山居图》局部

据考证,激发黄公望创作《富春山居图》的灵感,来自于富阳境内富春江两岸的乡土景观风貌。黄公望在领略此地的山青、水清、境幽、史悠之后,描绘出该地钟灵毓秀的自然山水风貌、村落人家以及闲适质朴的农耕生活,反映了人与自然和谐共生的智慧及天人合一的理念。当时年届七旬的黄公望隐居生活在富春江畔的庙山坞筲箕泉下,面对的富春江两岸时而

群山夹峙、滩多水险，时而丘低山远、江宽流缓，当地百姓依山而居，两岸平原沃野良田，阡陌交通，山间水岸村落人烟，鸡犬相闻，使得自然山水、农田、聚落浑然一体。黄公望长期受此处自然山水熏陶及躬耕于田的乡村生活的影响，经外师造化，中得心源，对富春江流域的真实景观特征及意境进行高度提炼，应物象形，淡色重墨，最终历时约7年创造完成《富春山居图》长卷（图2-2）。

图2-2　《富春山居图》实景地

从《富春山居图》绘画布局来看，在画卷起首与结尾处用淡墨描绘了远山岛屿，使画面空间往两侧伸展；在画面前景及中景处，将山之脉络作纵向延伸，使空间更为深远。同时，在画中恰当留白，在近处着重描绘山巅、山腰及山脚处的累累矶石，山脚或平坡处的村落人家、山石花木，江中的亭廊石桥及泛舟渔翁。画面由近及远逐渐消失，突出前后对比关系，使空间更具层次感。黄公望以拉近推远的描绘手法，展示了流域内山环水抱的空间格局，表现了富春江江面开阔、烟波浩渺的景致。同时以掩映于山林的矮矮村舍，倚于江畔的玲珑亭阁，泰然自若的质朴乡民，勾勒出颇具亲和力的乡土景观，透露出江南温婉的乡土气息。正是这种平淡天真、天然雕饰的富春美景长期酝酿于黄公望心中，最终促成这幅旷世名作的诞生。

经千年农耕文明逐步形成的富春江流域的乡土美景既离不开两岸的自然山水地貌，也得益于古人尊重自然，与自然共生共融的智慧。富阳建县两千余年，生息繁衍之中，积淀了深厚的历史文脉，文化璀璨，名人辈出，如三国大帝孙权，唐代诗人施肩吾、罗隐，近代著名作家郁达夫，现代骨伤科名医张绍富等。富春江岸天下独绝的奇山异水也令其成为中国山水诗的发祥地，吴均、李白、白居易、苏东坡、陆游、纪晓岚等文化名人纷纷涉足，留下了大量的美言佳句，造就了一条独特的"诗词之路"。富春之美令人倾倒，诗、画、文传世惊艳者不胜枚举，这些通过文学作品以及名人所形成的共振效应，更是为富阳倍添异彩。古往今来，其秀丽山水和风土人情引得无数文人墨客追寻造访，纷纷以诗歌、书画、歌曲等方式描绘心中的富阳印象（图2-3、图2-4）。"云低远树，一川如画"，这是诗人笔下的灵动雅致；"山川浑厚，草木华滋"，这是画圣勾勒出的大气洒脱；"春风沉醉、桂花迟迟"，这是文人浪漫率真的文艺气息；"富阳一张纸，行销十八省"，这是匠人精湛进取的工匠精神。富阳从历史长河中缓缓走来，面貌日新，魅力愈足。

与朱元思书

吴均（南北朝）

风烟俱净，天山共色。从流飘荡，任意东西。自富阳至桐庐一百许里，奇山异水，天下独绝。水皆缥碧，千丈见底。游鱼细石，直视无碍。急湍甚箭，猛浪若奔。夹岸高山，皆生寒树；负势竞上，互相轩邈，争高直指，千百成峰。泉水激石，泠泠作响；好鸟相鸣，嘤嘤成韵。蝉则千转不穷，猿则百叫无绝。鸢飞戾天者，望峰息心；经纶世务者，窥谷忘反。横柯上蔽，在昼犹昏；疏条交映，有时见日。

图2-3　《与朱元思书》全文

词人眼中

远山长，云山乱，晓山青
——苏轼

诗人眼中

风烟俱净，天山共色。
奇山异水，天下独绝。
——南北朝吴均的《与朱元思书》

建筑师眼中

"用活"富春山水，探寻"山居"内涵。
——王澍

文人眼中

大开大合，留白，如乐章
——蒋勋

不同人眼中的富春山居图美景

图2-4　关于《富春山居图》及其实景的古今评价

作为《富春山居图》的实景地与原创地，除如诗如画之美景和美轮美奂之文化外，森林、矿产、水利等经济资源也十分丰富，富阳凭借中国"造纸之乡""球拍之乡""赛艇之乡"以及全国商品粮基地和重点产茶、产茧地区等称号也享誉多方。近年来富阳重整各类资源，将山水元素融入现代发展，孕育积淀城市内核，倾力打造"富春山居实景地"城市品牌。享得城市便利、望得青山秀水、品得浓烈乡愁，富阳这座山水小城散发出愈加精致迷人的气质，吸引着外界越来越多的好奇和关注。

二、现代版"富春山居图"

2017年12月在中共中央召开的全国农村工作会议上，习近平总书记提出要注重地域特色，尊重文化差异，打造各具特色的现代版"富春山居图"。富阳位于杭州西南部，距杭州市中心约30km，具有优异的山水禀赋、深厚的人文底蕴、广阔的发展空间、坚实的产业基础。在新一轮的规划发展中，富阳坚定拥江发展战略，积极推进三大景区特色乡镇建设，实现全域景区化；通过重点片区建设，实现以点带面，全区乡村资源整合。作为《富春山居图》的实景地、原创地，富阳这几年以"八八战略"为总纲，践行"绿水青山就是金山银山"的"两山"理论，持续发力美丽乡村、美丽城镇、美丽经济"三美"建设，积极响应习近平总书记关于"打造各具特色的现代版富春山居图"的期盼与梦想，努力建设现代版"富春山居图"最美示范区，引领全省乡村规划建设实践。

1.拥江时代的乡村新格局

进入21世纪以后，富阳区凭借良好的自然资源本底和文化基底，积极响应杭州市"拥江发展"战略,努力践行杭州市建设别样精彩独特韵味的世界名城、世界级滨水区域的战略部署,充分对接浙江省大湾区、大花园、大通道、大都市区建设。

　　在区位条件上,富阳属于联结杭州繁华都会与广阔市域的战略支点,并尚有相对充裕的连片战略土地空间。在文化品牌上,富阳拥有最中国、最东方、最诗情画意的山水长卷,坐拥世界顶级的风景长卷,"有诗、有画、有名人",其生态本底优良,山水林田湖岛丰富,一江十溪水色佳,正可谓"水送山迎入富春,一川如画晚晴新"(图2-5)。在地貌类型上,富阳以平原、丘陵、山地为主,其中,沿江平原、新登盆地所在区域为平原地带,平原及盆地的周边区域为丘陵地带,而龙门、上官、常绿、春建等地区则多为山地。其地貌类型多样,山环水抱,山、水、林、田、湖、岛各有特色,属于"两山夹江"的河谷城市(图2-6)。

图2-5　富阳作为杭州市域发展战略支点

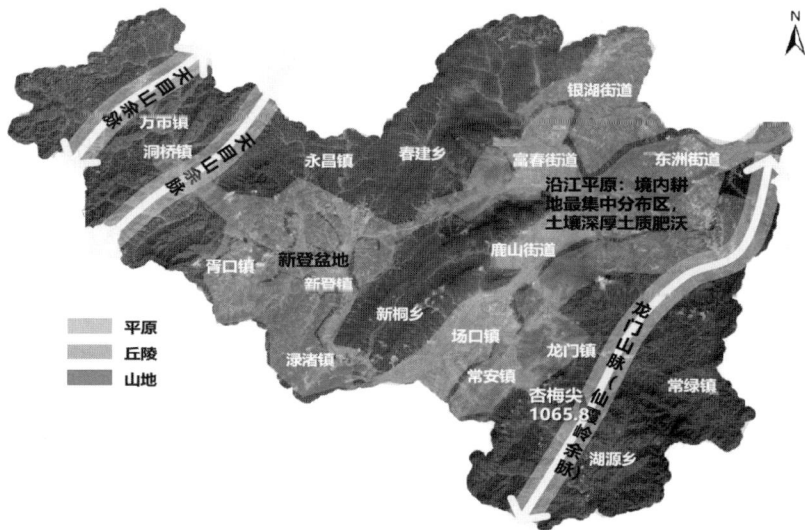

图2-6　富阳"山水林田湖岛"生态本底

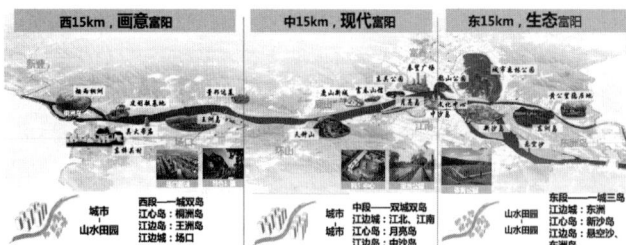

图2-7 富春江一区三段空间营造图

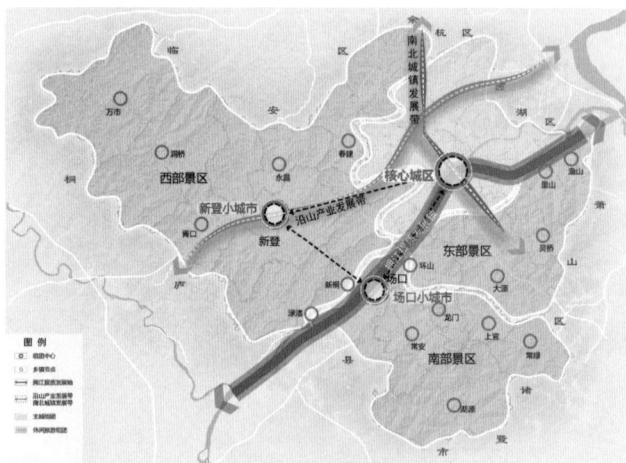

图2-8 富阳全域空间结构及三大景区范围图

因此,在新一轮的《杭州市富阳分区规划(2017-2020)》中,富阳着重发挥地理区位优势、自然山水优势、文化底蕴优势、空间资源优势、产业发展优势,凸显山、水、林、田、湖、岛特色,主动补足杭州都市区功能短板,汇聚区域资源要素,打造成为杭州大都市区具有更强辐射影响的综合性城区,全面建设生态宜居的世界名城,塑造魅力独特的"生态富阳、现代富阳、画意富阳"新形象(图2-7)。

在新版分区规划中,富阳区将通过全域融合升级战略、江城相拥拥江战略及景城相融全域景区化战略,引导富阳由"沿江时代"走向"拥江时代",构筑"一轴两带、一城两翼三景区"的山水田园组团结构(图2-8)。其中,"一轴"即拥江提质发展轴,以富阳城区中心为核心,围绕富春江及沿岸资源条件,实现功能和环境的提质发展,建设成为钱塘江生态经济带的核心区段,大力发展休闲旅游、观光农业、乡村民宿、健康养生等产业,实现绿色发展。"两带"即对接杭州城西科创大走廊的沿山产业发展带和向北对接余杭的南北城镇发展带。

一城:包括银湖片区、城西片区、东洲片区、富春片区、江南片区、鹿山片区六大片区,为富阳拥江发展核心城区,以拥江发展为主线,建设成为杭州市区重要的城市功能区域、拥江发展特色城市段。

两翼:分别为以新登小城市为核心的北翼、以场口小城市为核心的南翼。北翼、南翼分别通过新登与场口两大综合性小城市的发展,带动周边区域一、二、三产产业集聚、联动发展,成为富阳辐射杭州西南区域发展的重要组团。

三景区:按照全域景区化打造要求,形成东、西、南部三大景区。东部景区由渔山、里山及灵桥与大源杭千以南片山区组成,将依托大安顶、天钟山等生态资源,打造生态养生休闲度假胜地,成为杭州拥江发展样板区。西部景区由万市、洞桥、胥口、渌渚、永昌、春建、新桐组成,将依托岩岭湖水库、葛溪、渌渚江等良好的生态景观及古村落资源,打造杭州后花园、山水隐居地。南部景区由环山、场口、龙门、常安、上官、常绿、湖源组成,将依托壶源溪、剡溪、龙门山脉、龙门古镇等资源,打造历史文化及运动休闲基地(图2-9)。

2.三大景区——特色乡镇全域景区化

在富阳新型城镇化推进过程中,着力打破传统城乡结构及乡镇界线,形成"城区—小城市—景区"三级城镇体系结构,"一城两翼"集聚辐射带动作用进一步增强,城镇功能和服务能力明显完善,城市治理水平显著提升。"三景区"美丽乡村建设更具特色,农村基本公共服务与城市差距明显缩小,城乡一体化发展水平迈上新台阶。其中,城区包括富春、江南、东洲、银湖、鹿山、城西等片区。小城市即为新登和场口小城市。

景区即为乡村地带,包括富阳全域除城区以外的所有其他乡镇,分别为东、西、南部三大景区。将依托自然资源禀赋和特色文化资源(图2-10),以全域景区化建设为目

图2-9　富阳杭派民居实景图——东梓关

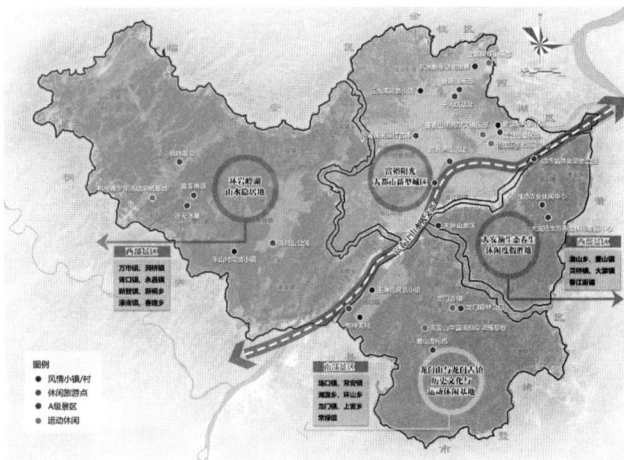

图2-10　富阳三大景区、富春江两岸生态旅游资源图

标,着力完善基础设施和公共服务设施建设,提升对外交通能力和旅游服务水平;着力培育特色旅游功能和产业,引导功能性项目、特色文化活动、品牌企业团体落户,建设富春山水、人文特色景区。

在三大景区内部,富阳整合现有的乡村旅游资源,包括风情小镇4个、精品村40个、精品线路16条,历史文化名村保护规划11个以及杭派民居试点建设9个,以富春江两岸生态岸线为重点,加快一二三产融合发展,对接杭州之江文化产业带建设,大力发展休闲旅游、观光农业、乡村民宿、健康养生等产业,实现绿色发展。推进亚运会赛事场馆建设,同时紧抓亚运会机遇,提质发展运动休闲经济。

3.重点片区——以点带片、全域整合

2010年以来富阳启动的现代版"富春山居图"建设,包括全域、次区域、点多个层次,做到步步推进,层层细化。组织进行了《东洲片精品线规划》《大安顶片区概念规划》《洞桥镇美丽乡村总体规划》等规划编制工作,其中《洞桥镇美丽乡村总体规划》和《渌渚镇总体规划》分别获得2015年度杭州市优秀城乡规划设计项目二等奖和三等奖。

图2-11　大安顶片区地理位置及景观风貌

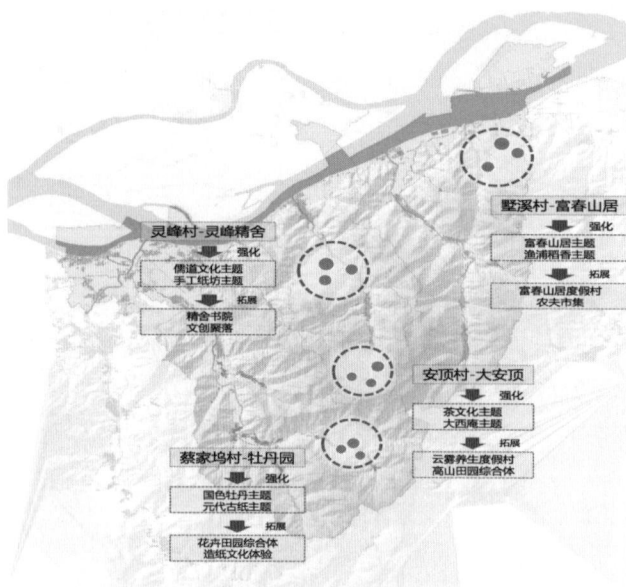

图2-12　大安顶片区打造4个旅游景区图

图2-13　大安顶片区特色资源示意图

（1）大安顶片区

大安顶片区是富阳东部景区的核心之一，主要由里山、渔山两乡镇组成。其位于杭州市富阳区东部，富春江南岸，毗邻萧山区，距离富阳主城12km，距离杭州主城40km，是三大片区中最靠近主城区的。大安顶片区风景资源优越，云山雾海景观独特（图2-11），高山农产丰富，森林覆盖率较高，海拔也较高。伴随着杭州由滨湖发展时代过渡到跨江发展时代，到现今走向拥江发展时代，大安顶片区也将同湘湖、西湖一并显现出重要的生态资源价值，成为钱塘江重要的绿翼之一，是杭州城市中绝版的眺望高地，具有打造高质量旅游品牌的重要价值，这一片区的乡村营造具有服务杭州主城，引导乡村转型的重要意义和价值。

新时期大安顶片区被定位为"云雾山居、诗画富春"，旨在打造辐射全国的富春山居体验区、长三角高端度假康养胜地、杭州拥江发展样板区，并将积极发挥现代农业先行、诗画文创策源、度假康养、富春山居示范的重要功能。在产业振兴方面，大安顶通过农旅融合联动，积极发展高品质、高附加值农业，围绕核心风景，先行打造4个旅游景区，以实现从全域生态走向全域景区（图2-12）。其中，以灵峰村为重点，打造精舍书院和文创聚落；以墅溪村为重点，打造富春山居度假村和农夫集市；以蔡家坞村为重点，打造牡丹园花卉田园综合体；以安顶村为重点，打造大安顶养生度假村和高山田园综合体（图2-13）。

在空间布局方面，大安顶按照"三山四区、江谷转换"，形成四大分区，即滨江、横谷、深山、高山，实施视域美化、隐筑于山的开发。在建筑形式上更是做到"美水精筑、内外兼修"，规划尝试从乡土自然环境、乡土历史文化、乡土物质文化等方面挖掘里山、渔山片区的乡土元素，提取展现地方特色的元素符号，运用于建筑改造中，以给游客带来不同的空间体验与心理认知，唤起不同的情景图式及记忆片断，打造别样精彩的富春新山居。

（2）洞桥片区

在富阳区发展战略中，洞桥镇处于西部山水观光板块、西部农事体验休闲观光区及岩岭湖休闲综合体，洞桥片区是富阳西部景区的核心之一。洞桥镇作为次区域板块之一，具备地理区位、旅游区位及经济区位上的优势。其位于杭州市富阳区西北部，距离富阳城区35km，东北接临安、西南连桐庐，北入杭州市区55km。洞桥镇地处丘陵地区，辖区内低山、丘陵、平原地貌多样，溪流丰富，具有优越的自然山水、旅游休闲资源以及深厚的农业耕种基础（图2-14）。

图2-14　洞桥片区山地景观风貌

目前，洞桥镇已出台美丽乡村总体规划、生态旅游发展总体规划，规划范围为洞桥镇域所辖范围，包括文村、查口村、大溪村等11个行政村，总面积147.6km²。其中，生态旅游总体规划根据洞桥镇的区位优势，对接全域旅游、生态旅游开发战略，依托富春山居、生态富阳的大势背景，挖掘洞桥状元、书法、佛禅、建筑等深厚文化底蕴，基于其优越的山水田园资源，提出将其打造为集合生态人文、生态人居、生态田园等多种功能于一体的华东地区知名的生态旅游目的地，构建"一轴两心两带三组团"的空间布局（图2-15）。其中，"三组团"包括洞桥田园乐居组团、贤德乡村艺居组团、三溪泉山静居组团，每个组团分别涵盖3~5个村落。

以包括文村、大溪、贤德、查口在内的贤德艺居组团为例，其下辖41个自然村，规划面积约54km²，是洞桥片区的重要组成部分。该组团位于富阳西部山区岩岭湖畔，场地田园景观、山环水绕、湖光山色，属于典型的富春山乡，并拥有青少年洞桥营地、艺居文村、施肩吾文化三大品牌资源，并将逐步构成以文旅为核心，健康养生、花卉创意、研学教育、生态农业、文化创意等多业融合的产业体系，同时，在空间布局上将形成创艺文村、访学贤德、惊艳大溪、童乐查口四大功能区（图2-16）。

图2-15　洞桥镇旅游总体规划空间布局示意图

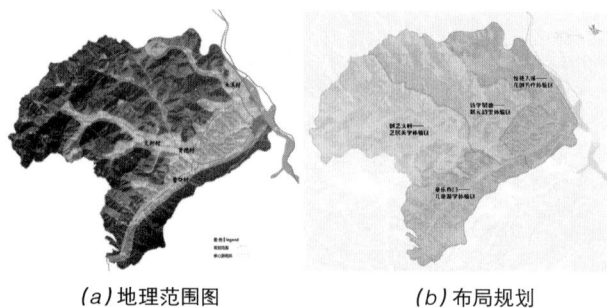

*(a)*地理范围图　　　　　*(b)*布局规划

图2-16　富阳区洞桥镇贤德片区

图2-17　创艺文村——洞桥贤德片区艺居美学体验区

近年来，洞桥镇利用山水资源优势，依托传统农业基础，积极引进美丽产业项目，成功举办各类乡村节庆，形成以农庄、果蔬基地为主要内容的现代农业观光休闲产业，其山水、农业经济逐步显现。据数据统计显示，2011~2016年洞桥镇接待游客共计50万人次，经营性收入突破5000万元。此外，杭州（国际）青少年洞桥营地已经投入运营，以云台石寨为代表的精品农家乐和民宿客源日益增长，一批又一批的乡村康养项目正在逐步形成，2017年年底仅众安集团在文村周边地块的预期开发投资已经达到30.55亿元，企业进驻投资势头一片向好（图2-17）。

三、富阳乡村振兴历程

近年来富阳以"绿水青山就是金山银山"的科学发展观为指导，将"创新、协调、绿色、开放、共享"五大发展理念贯彻到美丽乡村建设的全过程、全领域、全空间。围绕"生产美的智慧城区、生态美的绿色城区、生活美的人文城区"的全新定位，秉持"兼田园之美、具城市之利"的建设理念，以区域统筹发展为目标，以全域景区化为导向，以中心村、精品村、风情小镇创建和历史文化村落保护利用为载体，富阳将打造美丽乡村精品线路和精品区块列为重点，建设美丽景色，发展美丽产业，共享美丽生活，努力建成村美、民富、生态优的"富春山居、美丽乡村"，描绘"富裕阳光的富春山居图"新画卷。

1.发展概述

　　富阳区美丽乡村振兴开始于2003年浙江省"千村示范、万村整治"工程，通过十几年的摸索找到了具有富阳特色的"富春山居、美丽乡村"建设之路。截至目前，中心村逐渐发挥集聚效应，精品村创建体现示范样板，风情小镇按景区化打造，精品线路成为乡村游亮点，历史文化村得到保护挖掘。同时，"三江两岸"生态建设工程持续推进，区域内小城镇综合整治工程全面铺开，村庄规划已经实现全覆盖，241个村的农村生活污水业已投入治理。此外，以家庭农场为代表的现代经营主体正在积极培育，民宿经济、农产品电商等农村经济新业态正在蓬勃发展，农业营销体系正逐步建立，农民增收能力显著提高。

　　回顾往昔，富阳乡村振兴过程可划分为以下几个阶段，第一阶段是2003—2007年的启蒙阶段。乡村建设工作还处于起始摸索时期，并更多关注于乡村基础环境整治。

　　第二阶段是2008年开始的探索时期。富阳乡村振兴处于以中心村辐射带动为主的发展阶段。如2008年编制实施了《富阳市中心镇、中心村布局规划》，并展开了以中心村卫生设施、老年人活动室、文体活动中心、图书阅览室等公共服务设施为抓手的新农村建设。

　　第三阶段是2010年启动的美丽乡村建设阶段。富阳提出了推进"富春山居"新农村精品工程建设的总体思路，以加强城乡区域统筹发展，从而推动富阳乡村建设进入了高速发展时期。例如，2010年完成了《富春山居新农村精品工程概念规划》和《黄公望、新沙岛风情小镇规划》，首期确定的四条精品线路正式进入建设阶段。2012年全力推进中心村、精品村、精品工程、"百千"工程和"三江两岸"生态建设等"富春山居·美丽乡村"工程建设，全年投入资金45447.3万元，市财政安排专项补助资金33100.7万元。2013年开展新农居点建设、道路硬化、破旧房拆除、沿线绿化、立面整治等项目建设550个，投入建设资金1.81亿元。当年还被评为2013年度浙江省美丽乡村创建先进市及浙江省"千村示范、万村整治"工作先进单位。

　　第四阶段是从2014年开始到现在的乡村建设趋于成熟阶段。富阳启动了浙派杭派民居示范点的营造工作，并结合之前的建设经验走出了一条以空间重塑带动乡村发展的具有富阳自身特色的乡村振兴之路。至此，富阳乡村规划与建设成效显著，如32个中心村、40个精品村、10多条精品线路等规划编制相继完成，杭派民居试点工程稳步推进。预计在"十三五"期间，在现有32个中心村、40个精品村，5个风情小镇的基础上，从地域特征、人文特征、生态环境、产业发展等几个方面，加强对特色要素的挖掘，计划创建100个特色村（表2–1），以实现乡村的全面振兴。

　　近十年来富阳编制了大量涉及乡村建设与营造的规划，包括《富阳市"富春山居、美丽乡村"总体规划》（2012.12）、《富阳市"美丽乡村"精品线总体规划》（2013.05）、《富春山居新农村精品工程空间概念规划》

"十二五"期间富阳美丽乡村建设成效　　表2-1

建设内容	完成个数及完成率
小康示范村	39个
省待整治村和重点整治村	276个（原自然村611个）
中心村培育	32个
精品村创建	40个
美丽乡村提升	83个
历史文化村	8个
风情小镇	3个
百千工程村庄重点整治	全覆盖
美丽乡村	创建率100%
农村垃圾	集中收集率100%
卫生改厕	农户比例99.57%
市级生态村	创建率61.2%
文明村	创建率73%
累计收入	建设资金28.8亿元，其中市级财政14.2亿元

图2-18　常安镇粮仓整治前后对比照片

（2011.11）、《黄公望风情小镇规划设计》（2010.5）、《新沙岛风情小镇规划设计》（2010.6）、《富阳市高桥镇云水湾风情小镇规划设计》（2012.10）以及32个中心村的村庄规划、40个精品村的村庄规划、10多条精品线路规划等。这些规划对乡村空间营造、城市风貌改善、景观品质提升起到了指导性的作用（图2-18）。

2.振兴内容：持续探索乡村规划与营造

总体上来看，除了2003年开始的浙江省"千万工程"农村环境整治之外，富阳区乡村建设经历了始于2008年的中心村布局规划，风情小镇规划、美丽乡村总体规划和统筹全域的精品线路打造，再到2014年浙派杭派民居示范点规划建设。

（1）中心村布局规划

富阳中心村布局规划缘于现有城镇对农村的带动能力不强，制约了市域经济持续健康快速发展，农村中也普遍存在村庄分布散、规模小等问题。为统筹城乡发展，建设设施完善的农村中心性社区，富阳对中心镇、中心村进行了布局规划，并计划打造4个中心镇、25个中心村。当时根据对富阳区现有15个镇的资源环境条件、交通条件、发展基础和潜力进行综合分析，结合周边乡镇发展状况和全市域社会经济全面发展的要求，确定新登、大源、场口、万市四个镇为中心镇。其中，场口、大源两镇将强化城市服务功能与人居功能建设；万市要增强辐射带动周边农村地区发展能力，培育成为连接城乡的综合性特色中心镇。新登镇则将培育成为城市副中心、综合性小城市。同时根据对富阳市所有行政村分析，按照强化发展潜力，有序引导集聚，突出带动作用的要求，实施以镇带村、统筹平衡的发展模式，确定全市25个中心村（集镇型中心村12个，一般中心村13个）。

（2）风情小镇规划

富阳风情小镇规划是以黄公望、新沙岛和大溪三处为主。为了在市域范围内形成结构清晰、层次鲜明、特色明显、功能齐全、生态良好、集聚度高的城乡统筹发展体系，以实现节约集约利用土地和公共服务均衡化的目标，风情小镇规划以保护生态环境为基础，依托周边良好的山水文化资源、生态环境优势和旅游接待设施，进一步挖掘地方文化，提升特色产业，展现浓郁的乡村风情、乡野文化，形成集现代科技、生态农业、休闲旅游服务、文化创意于一体的产业聚集型"风情小镇"，努力达到"宜居、宜业、宜游、宜文"的标准要求。

（3）精品示范线路规划

"富春山居"精品示范线路的打造是为了充分展示美丽乡村建设成果，更好地发挥整体优势，有效推动富阳休闲观光旅游产业和美丽经济的发展。结合"三江两岸"的生态格局，以及现状公路、道路、慢行道、骑行道等交通体系，高标准打造10条"富春山居、美丽乡村"精品示范线路。并根据精品线路区位、资源要素、战略意义等，对其作进一步分类，包括面向区域和面向本地的精品线路，再对其进行精准定位，加强整个区域内现代版"富春山居图"的建设。在2017年新一轮富阳分区规划建设中，乡村营造精品线路已经扩充至20条，有力地带动全域景观风貌的改善与提升（表2-2）。

富阳乡村精品线路规划建设　　表2-2

序号	乡镇街道	线路名称	备注
1	胥口镇	葛仙西游精品线路胥口段连接线	新建
2	洞桥镇	葛仙西游精品线路洞桥段	新建
3	永昌镇	富春叠嶂精品线路永昌段连接线	新建
4	新登镇	东坡古道精品线路	新建
5	富春街道、春建乡	春井访茶精品线路主线	新建
6	春建乡	春井访茶精品线路春建段连接线	新建
7	灵桥镇	灵桥墨韵精品线路	新建
8	新桐乡	春江花月精品线路新桐段	提升
9	渌渚镇	春江花月精品线路渌渚段连接线	提升
10	万市镇	葛仙西游精品线路万市段	提升
11	银湖街道	富春叠嶂精品线路银湖街道段	提升
12	永昌镇	富春叠嶂精品线路永昌段	提升
13	常绿镇	大源竹香、龙门古镇精品线路常绿段	提升
14	上官乡	大源竹香、龙门古镇精品线路上官段	提升
15	里山镇	安顶云雾精品线路里山段	提升
16	东洲街道	东洲街道精品线路	续建、杭州市级
17	鹿山街道	鹿山街道精品线路	续建、杭州市级
18	新桐乡	新桐乡精品线路	续建
19	场口镇	场口镇精品线路	续建
20	常安镇	常安镇精品线路	续建

（4）特色村落规划

以历史、文化、产业、生态、环境等为特色，将富阳特色村细分为7类（表2-3）。特色乡村规划以深入推进产业培育，打造具有现代"富春山居图"特色的村落为目标。注重村庄的开发及产业的培育,构建适应"互联网+"的乡村产业新格局,并将特色村发展与区域旅游经济相结合。同时,保护原生态的自然环境,营造特色景观节点,建筑风格尽量体现杭派民居特色。将乡村特有的人文景观、农耕文化、特色民俗,充分与当地的发展相结合,积极保护历史文化村落,做好村庄发展定位和特色产业策划,做到"一村一方案"的规划编制。

(5)"杭派民居"建设规划

在浙派民居文村的示范引领下,"杭派民居"示范点建设工程以东梓关村、望仙村等为代表(图2-19),积极探索新型城镇化背景下传统古村落保护的有效途径和方式,对整体区域进行定位,同时积极吸纳村民意见,开展综合试点区及其沿线沿路的规划编制工作,摈弃以往传统村落大拆大建和历史建筑严禁开发两极分化的发展模式。在村庄整体布局上,以村庄自然风貌、地形结构为依托,将房屋与村庄肌理相结合,注重打造户与户守望相助、前后呼应的邻里环境。

富阳特色村落类型 表2-3

序号	特色类型	特色资源	发展方向	典型代表
1	历史文化型	传统街巷、古建筑、古构筑物、名人逸事、老字号、非物质文化、传统节庆、传统工艺(造纸、制伞)	休闲旅游、文化创意	蒋家村(历史文化)
				双江村(畲族文化)
				金竺村(传统文化)
				东梓关村(历史文化)
				大章村(历史文化)
				龙门村(历史文化)
2	生态农业型	特色主导农产品,包括有机茶、水蜜桃、山地蔬菜、竹笋、银杏、板栗、山核桃以及水产养殖等	都市农业	双喜村(甜柿)
				半山村(水蜜桃)
				杨家村(银杏)
				拔山村、坑西村(茶产业)
				田鸡坪(安顶云雾茶)
				杏梅尖村(山地蔬菜)
				方里村(山核桃)
				大地村(娃娃鱼养殖基地)
				长盘村(竹产业)
				九儿村(桃产业)
3	农家体验型	农家乐、民宿、特色饮食、农事体验	休闲娱乐、旅游度假	上臧村(农家乐)
				白鹤村(农家乐)
				杏梅坞村(民宿经济)
				大溪村(民宿经济)
				郜村(民宿经济)
4	运动休闲型	滑翔基地、高尔夫球场、山地自行车道、水上运动	休闲旅游、运动康体	小剡村(永安山滑翔基地)
				安顶村(户外运动)
				查口村(杭州市青少年野外生存训练基地)
				黄弹村(峡谷户外运动)

续表

序号	特色类型	特色资源	发展方向	典型代表
5	风景名胜型	紧邻或位于风景名胜区	旅游观光	上练村（紧邻两洞一湖4A风景区）
6	田园风光型	特色民居、田园风光、山村风景	旅游度假、养生养老、农居SOHO	秉贤村(杭派民居) 文村（杭派民居） 程浦村（摄影艺术）
7	电商培育型	电商平台、物流配送	农产品电商	

富阳在杭派民居营造模式上，实施市场投资、镇村配合、村民参与的多方共建模式，既减轻政府的资金负担，也推动乡村产业的发展，并探索出一套从建材到投资、从利用到效用、从经营到盈利的乡村振兴机制，为浙江3万多个非历史保护传统村落发展提供了可借鉴的样板。

图2-19　富阳浙派杭派民居示意图——文村、望仙村、东梓关村

3.振兴要点：强调多维"五态融合"

在近15年的乡村振兴过程中，富阳在乡村的空间形态设计、产业经济培育、社会民主治理、生态环境提升、地方文化传承等方面取得了全面发展，并积累了丰富的经验要点。以下将分别从"形态""业态""社态""生态""文态"五大方面给予简要总结。

（1）形态：让乡村美成为一种功能和需求

在乡村规划设计上，富阳重新审视审美功能的时代需要，通过高水准的设计介入，坚持山水相依，因地制宜，入乡随俗，保留村庄水墨江南风韵（图2-20）。富阳在乡村建设中确立"审美"的维度，不断创新规划工作形式，坚持设计下乡的规划引领理念，在提升村庄整体环境面貌的同时，增加了建筑空间的整体美感,延续了传统乡土文化的历史韵味,重新找回了传统村落的原真性和多样化的场所感,让实现现代版"富春山居图"示范地成为可能。

富阳乡村的形态设计总体延续了原有乡村空间肌理,让乡村和周围生态环境相融合,使乡村公共空间更为完善,新建筑和老建筑衔接融洽。例如,东梓关村的形态设计传承了原有码头村落的古朴意境,创造出独具特色的江南水乡风貌。文村注重对原有乡村肌理的保护,以及传统建筑形态的融洽,新老建筑融合程度高,视觉能够连续过渡转换。望仙村属于异地新建民居,重视对新时期杭派居民公共空间的营造。宵井村借鉴传统的院落与街巷空间营造模式,利用山地的高低差打造出跌宕错落的民居空间,保持了原有的生态地貌。青江村汲取了立面色彩、材料纹理等建筑设计元素,将较为突出的设计亮点融入乡村建设。大溪村的民居建设与周边山系和水体连接紧密,空间脉络清晰。黄公望村重视乡村的视觉统一性,民居屋面、门窗的色彩形式都得到了风貌格调的相互统一。

形 态 坚持山水相依、入乡随俗、就地取材、低碳环保

显山露水,保留水墨江南风韵　　就地取材,秉承传统建筑方法

东梓关村水塘

杭灰石

木墙

文村背景山与水系

夯土墙

斩假石

图2-20　富阳乡村的"形态"营造

（2）业态:以特色挖掘带动产业发展

在乡村产业上,富阳深入推进村庄产业培育,打造特色村落,尽可能做到一村一主题(图2-21)。例如,东梓关颐养(设计)小镇、鹿山江滨文创特色村、大源望仙中药膏方特色村、常安横槎酿酒特色村、胥口里坞中华诗词文化村等。每个乡村根据自身的特色发展,避免了乡村产业发展的同质化。同时,以家庭农场为代表的现代经营主体正在积极培育,民宿经济、农产品电商等农村经济新业态也在蓬勃发展。

一般来说，乡村产业振兴主要包括生态农业、农产品加工业和旅游业等，当前富阳多数乡村以新型农业和旅游业为主，并采取区域联动的方式，推动各个乡村产业协同发展。例如，东梓关村借助深厚的历史文化底蕴和杭派民居的网红效应，积极培育乡村旅游和民宿产业。宵井村和青江村以杭派民居建设为依托，逐步成为具有富阳地方特色的富春民居示范村落。文村凭借互联网视觉传播和粉丝经济，以浙派民居建筑为旅游资源吸引社会资本，不断孕育民宿产业。查口村基于传统生态农业基础，将桑蚕养殖与观光农业相结合，培育资源加工型生态产业，并重点发展乡村旅游服务业。大溪村围绕优势和特色农产品产业，积极发展乡村生态旅游业。同时，文村、大溪村和查口村开展区域联动，对各区块乡村特色资源进行分析评价和整合，使每个乡村各司其职，突出自身优点，实现乡村共同发展的目标。

业态　重视产业策划，发展美丽经济

富阳市洞桥镇大溪村"美丽乡村"建设规划-旅游发展规划

游线组织

内部游线组织

结合大溪内部景观资源，策划两条精品旅游线路。

香莲养生文化游

以香莲岛为核心，以香莲、禅宗养生为主题，策划湿地公园—七彩农林带—养生部落—香莲种植园—香莲美食街—香莲展示馆—度假木屋—水景酒店—佛堂—林家殿农家乐等核心景点。

大坞古村文化游

以大坞古村古建为核心，策划农事体验—深山探险—七彩农林带—大坞古村—森林度假木屋—户外创作基地等核心景点。

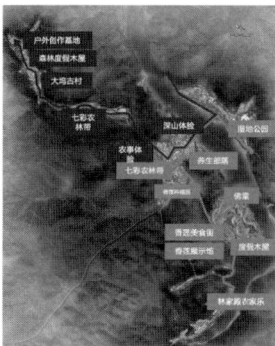

富阳区新登镇湘溪村　村庄规划-产业策划

思路　打造三园，延伸农业产链

中药养生示范园

结合仙源高山度假，引入以中药养生为概念的休闲农庄模式，选取特色中药材作物规模化种植，在提供观光、休闲、体验功能的同时，可为部分制药企业供应药材原料，延展村民增收渠道，提升湘溪村的造血功能。

农特采摘（种植）园

依托湘溪自身特色农产，适度发展蔬果自助采摘与农事体验活动，开发杨梅采摘园、猕猴桃种植园等农特采摘园。

创意农业观光园

湘溪村竹资源非常丰富，规划依托现有木产业基础试图局部改造成大地景观节点或引入休闲设施，丰富休闲观光内容。

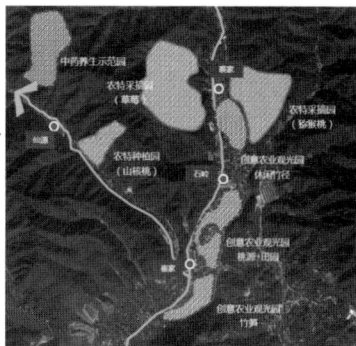

图2-21　富阳乡村的"业态"培育

（3）社态：由政府主导走向乡村多元化治理

在乡村社会治理上，富阳逐步从政府大包大揽走向村民自治，不断激发村庄内在动力，乡村治理逐渐呈现村民自治和民主协商的新趋势，乡村治理建设的参与者也越来越多，各种治理创新模式层出不穷（图2-22）。

乡村共治

各级政府　➕　村集体　➕　企业　➕　乡贤　＝　综合多元社会力量

乡村共理

发动村民个体积极参与，为乡村维护做一些力所能及的事。在文村和东梓关，大多数村民都曾做过清扫道路和植树种草等事，有少数表示做过修葺房屋外壁院落、修建道路、修建水利设施、清理小广告海报等。

图2-22　富阳乡村的"社态"治理

例如，从政府主导、村庄参与的1.0版文村，到政企协同、乡村参与的2.0版东梓关村，再到村民自治、政府、乡贤、社会精英多元参与的3.0版望仙村（图2-23）。

政企协同模式

➤ 强化企业在乡村建设中的投资、开发、管理功能，引导市场唱主角

坑西村文化旅游合作开发
投资方：浙江永耀旅游文化发展有限公司
投资金额：12亿元

浙江农创客小镇农业综合体
投资方：杭州黑熊农业服务有限公司
投资金额：15亿元

诸佳坞田园综合体
投资方：力勤投资有限公司
投资金额：10亿元

图2-23　富阳乡村振兴的政企协同模式

在乡村建设发展过程中，东梓关村借助方便的即时通信社交软件，将全村大部分村民加入微信群聊，各类村务信息在群中予以公开发布。望仙村由村民自发成立杭派民居建设管理小组，对本村房屋建设工作进行全程监督管理。坑西村自发成立股份制集团，以村民入股的方式筹措资金，借鉴企业模式对乡村进行治理。

（4）文态：以文化复兴推动乡村发展

在乡村文化上，富阳充分挖掘乡村地方文化内涵，将乡村特色文化和产业发展相结合，引导鼓励现存的民间工艺作坊恢复传统工艺，并和乡村文化旅游相结合。同时，大力发扬乡村的传统节日，保持乡村传统的生活方式，通过开展各类文体活动，丰富村民的日常文化生活（图2-24）。

例如，东梓关村恢复了乡村原有的手工作坊、戏台、渡口等传统建筑设施，并推广乡村传统节日活动，展示场口地区的风土人情、传统手工艺和日常生活方式。联群村成立了乡村画院，形成一个定期举办书法、绘画文化雅集的艺术之家，并与江滨路围合形成文创广场，成为地方文化气息最为浓厚的乡村节点。黄公望村发掘以黄公望为代表的中国传统绘画艺术、隐居文化等，开展各种艺术文化活动，修复黄公望隐居的茅庐，举办书画创作活动、海峡两岸文化交流活动等。

（5）生态：打造山水林田湖生命共同体

在乡村环境治理上，富阳注重生态环境和人居环境的改善，建设注重因地制宜，保护原有村庄风貌，重视对山体水系的保护。各类建设工程坚

持对土地集约化利用, 减少对农田的侵占。大部分村庄生活污水已完成治理, 基础配套设施也在不断完善。同时, 积极推进乡村生产和生活方式向绿色化、健康化发展, 维持山水林田湖的自然景观（图2-25）。

文态 坚持乡村文化传承、文化复兴, 培育文创产业, 并物化于日常生活

历史建筑保护利用

传统建筑语汇使用

文创产业培育

绿城设计院乡村实践基地

（a）东梓关村（雅安堂）　　　　（b）文村　　　　文村民宿

图2-24　富阳乡村的"文态"复兴

生态 坚持人与自然和谐共生, 打造山、水、田、林、湖生命共同体

林

水

山、田

湖

图2-25　富阳乡村的"生态"保护

　　例如, 东梓关村对沿江的房屋进行整改, 恢复了原有的江岸生态风貌。文村的新建民居建筑形式紧凑, 并对乡村溪流的生态环境进行了恢复和整治, 以有利于野生鱼类的生存。望仙村注重对农业用地的保护, 对新建筑建设工程批准严格。黄公望村大力保护村内的古树名木, 将生态保护

和产业发展相结合,借助村内百余颗古柿子树开展火柿子美食节。宵井村注重保护乡村原来的地形地貌,民居建设结合地形环境,避免对生态环境的破坏。

4.深化振兴路径: 向"富春山居图最美示范区"稳步迈进

在现代版"富春山居图"乡村营造过程中,杭州市规划和自然资源局富阳分局、区农办以及其他相关部门开展了十分紧密的分工协作,以战略规划及总体规划为指导,相继编制完成中心镇、中心村布局规划、城镇总体规划、村庄建设规划、农房设计规划等,形成了完善的城乡规划体系,全区实现村庄规划全覆盖(图2-26、图2-27)。当前,富阳区充分贯彻以规划引领振兴的理念,积极促进城乡融合发展,并重点围绕以下几大方面开展乡村建设工作。

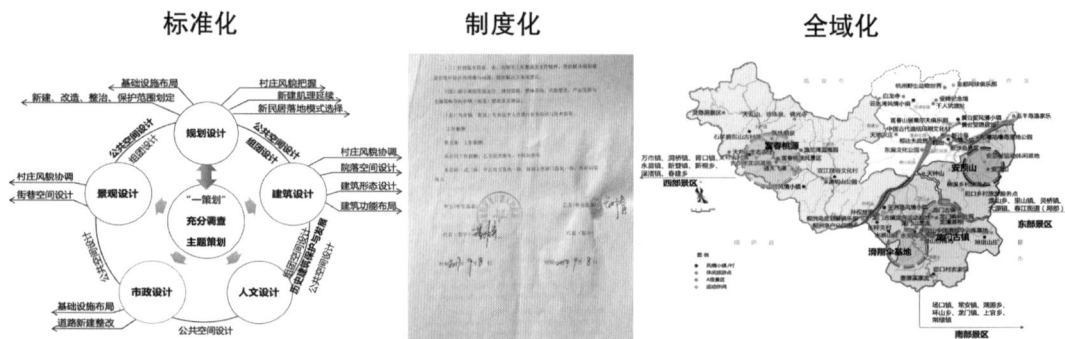

图2-26　以规划引领富阳乡村振兴

图2-27　富阳村庄规划全覆盖和农房通用图集推广

一是积极做好一般村的村庄规划修编（局调）的编制、审查、审批等工作，2016年上半年完成40个村庄规划的审查及40个村庄规划的批复工作。制定年度村庄规划编制计划，统筹安排年度村庄规划编制。注重村庄的开发及特色产业培育，提出东梓关颐养小镇、大源望仙中药膏方特色村等新的发展定位。

二是积极参与规划方案招标过程及评审过程，提出相关建议完善深化规划方案。例如，积极参与富阳区历史文化村落保护利用重点村和风情小镇创建方案评审会。认真完成相应规划的审查及报批工作，在银湖街道金竺村、环山乡诸佳坞村、场口镇青江村、鹿山街道江滨村（上新眺自然村）等重点村建设过程中，邀请浙江省住房和城乡建设厅等相关专家参与村庄规划、建设设计方案的审查。

三是积极做好"浙派民居"（文村）、"杭派民居"（东梓关、望仙、金竺等村）规划和村居设计工作，引进中国美术学院、gad（绿城设计）、浙江省建筑设计研究院等省内知名设计院编制杭派民居试点村规划，配合区农办、各乡镇做好杭派民居建设推进工作（图2-28）。印制《富阳市农村住宅设计通用图集》指导富阳新农村建设。出台村庄规划编制指导意见办法并被浙江省住房和城乡建设厅组织起草的《村庄规划编制导则》采纳等。

邀请知名团队进行乡村规划设计　　　　**乡村规划师实现全区覆盖**

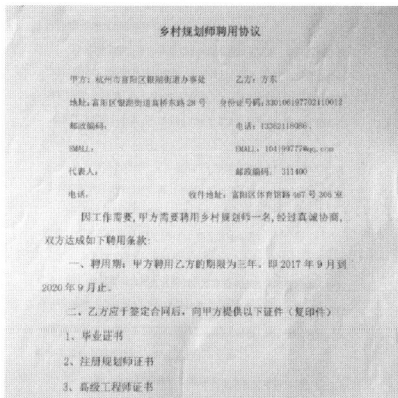

王澍

现为中国美术学院建筑艺术学院院长、博士生导师、建筑学学科带头人。

2012年荣获普利兹克建筑奖

乡村规划师聘用协议　　　现场指导常安镇"粮仓"建设

现场指导水系整治

图2-28　以"规划引领、设计下乡"推动富阳乡村振兴

四是以杭派民居为重点，邀请浙江省住房和城乡建设厅推荐知名的设计团队，力争3年打造8~10个具有示范效应的美丽宜居示范村；以精品路线为载体，提升美丽乡村建设；完善村镇规划体系；引导乡镇规划新"五保"理念；配合区宣传文化部门做好乡村文艺集聚规划；注重特色街区规划打造。

五是围绕"三改一拆"和"无违建"创建，富阳近年还完成"三改一拆"后土地利用规划，编制农房建设高度控制方案和巨利、东山、金桥股份经济合作社"一村一方案"，完善基础配套及公共服务设施，改善城中村面貌，提升城市品质及重要地段景观风貌，同时解决无房户等建房、危旧房改造等一系列历史遗留问题。

近年来，富阳乡村建设在规划的稳步引导下，推动乡村面貌发生了根本性的改变，农村生态环境、人居环境和发展环境均得到全面改善，"美丽乡村"不断转化为"美丽经济"（图2-29、图2-30），乡村振兴战略持续向纵深推进。在乡村建设的动力主体方面，富阳更是由地方政府主导转向村级党建带头、基层民主协商，通过强化村级党组织领导力，构建"党建+村两委+乡贤"为领头雁的基层乡村建设组织，使之成为乡村振兴的内在动力引擎。

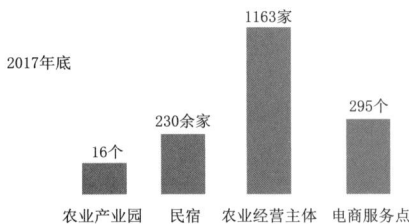

图2-29　富阳乡村美丽经济发展

图2-30　富阳乡村美丽经济招商引资

四、富阳浙派杭派民居营造

1.浙派杭派民居1.0至4.0版

近年来，浙江省委、省政府结合美丽浙江建设，全面推行美丽宜居村庄建设，文村凭借相对独立的空间和相对完整的乡土生态结构，2014年被确定为美丽宜居村庄建设省级综合试点村，由普利兹克建筑奖获得者、中国美术学院王澍教授担纲设计。作为富阳乡村营造的1.0版，文村主张"文脉延续、留住乡愁"，在规划设计中重视整体布局，强调新老村和谐共生，同时注重挖掘本土文化，就地取材（图2-31）。与此同时，杭州市委、市政府也正积极推进市级的"杭派民居"示范村建设，2014年，场口镇东梓关村成为首个"杭派民居"建设试点村。

洞桥·文村	场口·东梓关	大源·望仙	渌渚·阆坞
乡村营造1.0	**乡村营造2.0**	**乡村营造3.0**	**乡村营造4.0**
文脉延续，留住乡愁	**新旧融合，激活乡村**	**民主协商，生态集约**	**综合多元，五态融合**
· 重视整体布局 · 新老村和谐共生 · 控制本土文化，就地取材	· 尊重居民生活习惯 · 设计师全程服务 · 网红效应引发美丽经济 · 控制建造成本	· 成立民主协商小组 · 村民主导，尊重村民意愿 · 产品空间多样化、组团化	· 主题策划 · 一二三产融合 · 设计多样化 · 乡情风脉延续

图2-31　从乡村营造到乡村振兴

作为富阳乡村营造的2.0版，东梓关村强调"新旧融合、激活乡村"，在规划设计过程中实现设计师进村全程服务并融入村庄日常生活，在功能布局的优化和转变上充分尊重本村村民的生活习惯，同时做到就地取材、严格控制建造成本。通过设计先行，以乡村新空间的创造引爆视觉消费，从而带动村庄整体的产业发展，东梓关村也成为"网红村"的典范。

作为富阳乡村营造的3.0版，大源镇望仙村"杭派民居"试点将重点转移到了村庄共建共享上，在新民居试点建设推进过程中自发形成村庄基层自治，成立民主协商小组，形成"民主协商、生态集约"的乡建模式。

作为乡村营造4.0版代表的渌渚镇廊坞村更加重视村庄产业体系构建，不断推动一二三产融合，同时关注村庄的主题策划和乡情风脉延续，强调村庄"综合多元，五态融合"发展导向。

2.浙派杭派民居营造成效

2014年6月，浙江省住房和城乡建设厅确定在洞桥镇开展省级美丽宜居村庄建设试点工作，积极探索新型城镇化背景下传统古村落保护的有效途径与方式，为全省美丽宜居村庄建设提供示范。由此，以"浙派民居"洞桥镇文村为切入点，富阳提出自2016年起，力争通过3年努力，打造8~10个具有示范效应的美丽宜居村（图2-32）。

与此同时，杭州市委、市政府也正在着力推进"美丽杭州"建设，提出以改革为动力，以增加农民收入为根本，创建一批市级"杭派民居"示范村，再通过典型示范、以点带面，培育一批新民居典范。在此过程中，富阳区积极引进省内知名设计院编制杭派民居试点村规划，配合农办做好建设推进工作，成功打造了场口镇东梓关村、大源镇望仙村、秉贤村等几个具有江南和杭州特色的古韵新居，树立山水相映、入乡随俗、就地取材、低碳环保的"杭派民居"样板，并在全国范围内形成了轰动的"网红效应"（图2-33）。

图2-32　现任中共中央政治局委员、上海市委书记，时任浙江省委副书记、省长李强考察洞桥镇文村

2017年,腾讯新闻关于东梓关村的报道，阅读量破3亿次。

图2-33　由乡村营造形成的"网红村"

富阳"浙派杭派民居"试点项目以其特色化地方建筑及环境重塑了"富春山居图"之美景，响应了习近平总书记对美丽乡村建设的期望与号召，成功开展了全国乡村振兴背景下具有探索性的富阳实践，助力杭州以更加稳健的步伐向全国乡村振兴先行区迈进。2017年，富阳区富春街道宵井村、银湖街道金竺村、场口镇青江村、常安镇横槎村、龙门镇龙门三村入选杭州第二批"杭派民居"示范村的创建名单，并有十个杭派民居旧村改造项目在积极开展，由此将"富春山居图"变为富阳乡村建设的现实版本。

2016-2018年，央视等多家媒体相继对富阳文村、东梓关村的浙派民居、杭派民居进行了大量报道，并迅速成为全国网民关注的焦点。前者被称之为"很酷的房子、很文艺的村落"，后者则是"中国最美乡村回迁房"，成为当地居民人人向往的"网红村"。从实施效果来看，一系列村落民居的营造初步再现了现代版"富春山居图"画卷，不仅广受当地村民欢迎，更吸引了大量外地游客，增加了农民收入，形成了相对独特的富阳乡村振兴模式，同时也提供了"现代版富春山居图"富阳样本。

3.浙派杭派民居试点案例

富阳地处山地丘陵地带，地形丰富多变，既富山城之美，又具有江城之秀，人文历史底蕴深厚而多元。在省市级美丽宜居示范村中，以东梓关、望仙村、青江村为代表的平原型乡村，以文村、金竺村为代表的山区型乡村，以宵井村为代表的丘陵型乡村，以横槎村、龙门三村为代表的河谷型乡村，分别拥有风格各异的东吴文化、越文化、儒家农耕文化等特征，彰显出自身的独特之处（表2-4、图2-34、图2-35）。在新民居试点规划建设过程中，相关规划设计者坚持因地制宜原则，借山水自然得天独厚之势，仰仗历史文化沉淀积累之幸，对乡村民居的风貌环境塑造和建筑风格设计都提出不同的要求。

富阳部分杭派民居示范村　　　表2-4

村庄名称	所属乡镇（街道）	所处位置
望仙村	大源镇	平原
东梓关村	场口镇	沿江平原
文村	洞桥镇	山地
宵井村	富春街道	丘陵
金竺村	银湖街道	山地
青江村	场口镇	沿江平原
横搓村	常安镇	河谷
龙门三村	龙门镇	山乡河谷

01平原类型

富春江　+　平原

东梓关、望仙村、青江村

02山区类型

水系
山区　+

文村、金竺村

03丘陵类型

水系
丘陵　+

宵井村

04河谷类型

山区　+　平原
水系

横搓村、龙门三村

图2-34 富阳区部分杭派民居示范村地貌类型

图2-35 富阳区部分杭派民居示范村航拍图

其中，洞桥镇文村地处富阳西北山区地带，2014年被确定为美丽宜居村庄建设省级综合试点村，其新农居建设等试点项目由中国美术学院王澍教授负责。文村新农居邻溪而建，由于位于偏远山区，交通不便，多为就地取材，利用本地常见的杭灰石、黄泥土等材料作为建筑外立面，整体保持古民居灰、黄、白三色基调，根据地势走向及周边景观视线，房子朝向均为正南偏西。这种以文村为代表的"浙派民居"，打破了兵列式的传统农居点布局，以村庄自然风貌、地形结构为依托，将房屋与村庄肌理有机结合，将当地传统建造技艺与光伏发电等现代居住需求相融合，打造出文艺的野趣山居型乡村新民居（图2-36）。

图2-36　文村"浙派民居"风貌

图2-37　东梓关村"杭派民居"实景

场口镇东梓关村作为富春江沿岸村庄中资源禀赋最佳的村落，同时也是"富春山居图"中自然风貌最为突出的一段，人文底蕴相当丰厚。其杭派民居营造特色鲜明，做到了传统历史建筑特征与现代农民需求相结合。新民居形式上高低错落，富有艺术感，整体功能布局将传统村落小街小巷的人情味空间与现代交通需求相结合，建筑形式运用现代的设计语言、抽象屋顶线条、外实内虚的界面处理，勾勒出完整的江南意象水墨断面，打造出现代诗意田园型新民居（图2-37、图2-38）。

图2-38　东梓关村"杭派民居"试点效果图

大源镇望仙村地处平原，其杭派民居示范点位于旧村东北处，占地40亩。其公共空间利用数幢民居空间围合形成组团式布局，通过统一建筑色彩及建材等，营造风雅的杭韵江南水乡型新民居。望仙村在新民居的规划、建造、监督等各个环节，注重民主协商和公众参与，特别是针对各类功能空间和公共空间的有效利用，注重打造户与户守望相助、前后呼应的邻里环境，提升农民生活品质（图2-39）。

图2-39　望仙村"杭派民居"试点鸟瞰效果图

宵井村杭派民居示范点建设地块位居丘陵区，场地原为林地及茶园，项目规划面积30431m²，定位为诗意田园类型的杭派民居。在建造过程中，考虑到丘陵坡地的地形限制，民居建筑结合山地地形围绕中心水塘进行组团设计，采用台地式带状（条纹状）平面布局形式。同时，为配合地势起伏，每户都设计了底层架空，其内部空间可用于茶叶等手工作坊（图2-40）。

图2-40　宵井村"杭派民居"试点鸟瞰效果图

金竺村位于银湖街道北面,村庄用地狭窄,南北向进深3.5km,东西面宽仅200m,属于典型的山村,其杭派民居建设地块规划面积36000m²。受制于地形的影响,本项目根据坡度陡缓及居民需求对居住生活区、配套服务区等进行选址规划,房屋依据山体形式跌落布置,创造出多样化的室内外空间,增加竖向景观层次。民居建筑通过屋顶的错落组合,形成与山脊线相呼应的屋脊天际线,弱化个体的形式意义,将之更全面地融入外部环境中,将房子种在山坡上(图2-41、图2-42)。

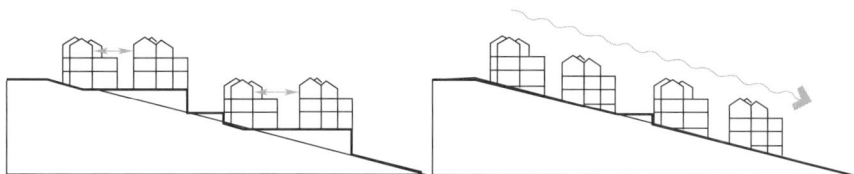

将坡地挖方填方整合为台地布置,道路会相对平坦,但是造价太高不经济,不可取。

房屋依据山体形式跌落布置,与环境相融合,且景观较好,故作为本案的设计方向。

图2-41　金竺村"杭派民居"建筑布置理念

宅中有园

屋中有院

层层露台

形态错落

曲径通幽

砖石肌理

图2-42　金竺村"杭派民居"建筑单体造型特点

青江村位于富阳西南部场口镇,整个村庄沿江而建。其杭派民居项目规划面积16231m²,安置农户39户。新民居在原有村落肌理上,确定了其平面脉络,斜向的道路系统与东西向平行的道路相交叉,自然地将基地分割为包含有若干小组团的两个大组团,最终打造出拥有山水田园景致的宜居村庄(图2-43)。

横槎村位于常安镇南部,素有"仙鹤栖息地,上水太极村"之说。其杭派民居试点项目位于壶源溪畔,两面环水,群山环抱,处于河谷地形单

图2-43　青江村"杭派民居"试点效果图

图2-44　横槎村"杭派民居"试点鸟瞰效果图

图2-45　龙门三村"杭派民居"试点鸟瞰图

图2-46　龙门三村"杭派民居"试点西侧透视图

元之中,具有得天独厚的地理优势。项目规划面积25578.9m²,总户数50户,总体规划遵循村落的原始肌理,利用前后的错落关系形成若干组团。同时设置有开阔的入口,将壶源溪美景引入区域内部,以曲折水系、连廊等联结各个组团,营造涓涓流水的诗意画面意象(图2-44)。

龙门三村位于龙门古镇保护的核心区块,而龙门古镇是现今江南地区明清古建筑群中保存最为完整且极为罕见的山乡古镇。龙门三村杭派民居试点项目场地位于新镇区西南,占地面积约18亩。项目整体摒弃传统兵营式布局,传承龙门古镇的悠久历史文化积淀和古村落独特的院落形式,以及原有街巷空间格局,通过塑造三组院落合理组织场地空间,创造出适应现代生活需求的绿色居住场所。在建筑单体上,考虑场地与现状道路高差,为解决低层住宅潮湿问题并减少场地填方,住宅底部设置架空车库及储藏空间。本项目凸显了龙门镇历史上形成的村镇、山脉、水系、田园交相辉映的整体特色。由于龙门古镇建设用地紧张,该项目也在积极探索杭派民居公寓化建设的可行性,力求塑造节能、节地的民居新模式,同时解决龙门古镇农民建房用地困难的问题(图2-45、图2-46)。

山区乡村营造看山乡,平原建设鉴平原。富阳地形素有"八山半水半分田"的称谓,近年来富阳浙派杭派民居试点项目类型多种多样,所处山水地形、文化资源丰富多元。因此,鉴于浙江与富阳地形地貌的相似之处,可将富阳看作浙江省的微缩版。

以浙派杭派民居为特色的现代版富春山居图在富阳多个村落的成功重塑,对于整个杭州市乃至浙江省的乡村建设都有着极其重要的参考借鉴价值。由此可将富阳乡村营造的经验成果推广至整个浙江省乃至全国,不但有利于三江两岸"富春山居图"的重现,也有助于浙江省"大花园"战略的实施,从而打造出新时代富阳乡村营造的金名片。

富阳乡村振兴经验探索

第三章

一、形态：设计先行，让美观成为功能和需求
二、业态：多元产业，创新创意带动美丽经济
三、社态：共同缔造，构建乡村治理共同体
四、文态：传承复兴，挖掘文化资源新特色
五、生态：和谐共生，打造自然生命共同体

第三章　富阳乡村振兴经验探索

本章将以具有代表性的文村、东梓关村、望仙村三个浙派杭派民居为例，分别从"形态、业态、社态、文态、生态"的视角对富阳乡村振兴经验进行探索分析。其中，形态是指村庄空间环境及风貌营造，业态是指村庄产业经济类型，社态是指村庄治理模式及民主建设，文态是指地方传统与特色人文要素，生态是指村庄自然景观与资源利用。

从三个村庄概况及其区位条件来看（图3-1、表3-1），文村总人口400人左右，地处富阳西北山区地带，四面环山，依山而建，相对距离较远交通略有不便。东梓关村总人口1874人（含屠家村），位于富阳区西南方向场口镇西部，北临富春江，历史人文气息浓厚。望仙村总人口850人左右，位于富春江南岸，紧邻大源镇区，长深高速在村南侧。这三个村庄相继作为"浙派民居"、杭州市第一批"杭派民居"试点村落，已在特色农居建设与乡村振兴方面取得一定成就。

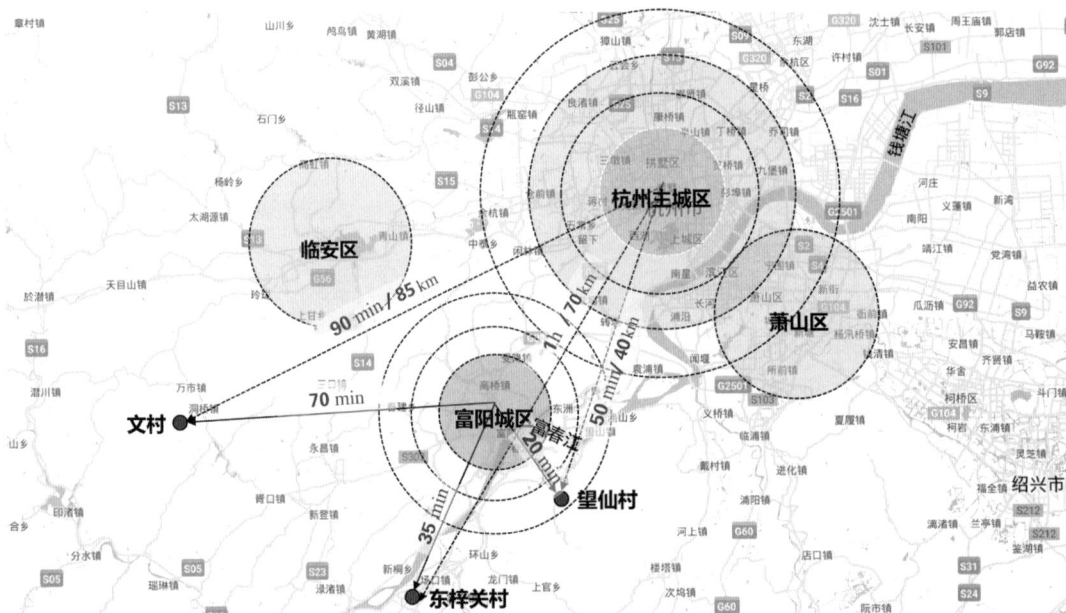

图3-1　研究对象区位示意图

富阳三个典型村庄概况　表3-1

概况	文村	东梓关村	望仙村
总户数（户）	80	639	234
总人数（人）	400	1874	850
新民居幢数、村民分房户数	14幢，24户	12幢，46户	46幢，73户
试点启动时间	2014年	2014年	2015年

一、形态：设计先行，让美观成为功能和需求

乡村振兴不仅需要物质文明，更需要精神文明，具有审美价值的村庄环境、单体建筑恰巧是二者的完美结合，在着力于"乡村审美提升"同时也成为响应乡村振兴的重要表现。英国社会学与传播学教授迈克·费瑟斯通（M.Featherstong）最早提出来"日常生活审美化"的概念，他认为日常生活审美化正在消弭艺术和生活之间的距离，在把"生活转换成艺术"的同时也把"艺术转换成生活"。就目前的中国乡村而言，乡村建设的艺术设计和审美功能正在不断进入普通村民的日常生活，这些原来看似遥远高雅的艺术在不断被日常生活化，同时人们也逐渐意识到审美的需求，而促使日常生活中的一切被不断审美化。

富阳乡村营造秉持践行的正是审美功能的时代需要、因地制宜的独特性适应模式和设计先行的情怀倡导，这些是推动富阳乡村建设成为新时代乡村振兴典范的关键。在传统乡村发展过程中，村庄人口的外流，不断加剧的空心化，直接导致乡村的破败和荒凉感，加之管控治理的粗放，在宅基地划分上过分单一机械，催生了大量兵营式的农居点，格格不入千篇一律的建筑造型和材料使用，以及村庄发展过程中的文化断层和文化自卑，或者是高水准的设计介入不充分等，使得传统村落的原真性和多样化的场所感荡然无存。与此同时，随着时代的变迁发展，农民的生活方式、生产方式、审美观念、价值追求、家庭结构都在悄然发生变化，乡村农居非常迫切地需要寻找到一个符合这个时代需求的新型构建模式。

面对新时代的日常生活审美需求，富阳乡村建设反思过去规划建设中的审美缺失，重新领悟物质形态审美功能的意义，最终将乡村作为审美的盛放容器。富阳在乡村建设中确立"审美"的维度，促进乡村建筑质量的提升，增强建筑空间的整体美感，在追求乡村居民的好口碑和经得起时间历史考验的同时，也润物无声般地完成了对新时代乡村审美振兴的滋养。在已经被开启的自媒体时代里，审美已经被接纳为一种重要功能，促使农村日常生活审美化，将乡村景观纳入视觉消费范畴，引入休闲农业开发审美体验产业都成为现阶段乡村振兴的首要要求。同时，当前具有审美需求的新时代也是一个全新移动媒体时代，它往往是被视觉传播化"柔性统治"，需要通过大众媒介技术将生活本身加工为形形色色的图片和影像，通过拍客、摄影、电视、电影等现代传播技术，流通在这个已然景观化的社会中。因此，这一

阶段的村庄建设对风貌塑造和设计创新提出了更高的要求。

美丽中国，设计先行，让乡村美成为一种功能和需求。富阳乡村营造的成功离不开标准化的设计先行模式、制度化的专业技术人员引进以及全域化的村庄规划推广。设计先行模式可总结为"一策划+五设计"，"一策划"包括前期的充分调查和整体契合村庄特质的主题策划，"五设计"包含规划、建筑、市政、景观、人文五个部分的具体设计，"一策划"和"五设计"共同构成了富阳乡村营造的一种严谨的实施操作模式（图3-2）。与此同时，富阳引进有担当、有情怀的设计师、设计团队或乡村规划师，推动设计下乡也成为其乡村振兴中重要的亮点以及可供分享参考的成功经验。邀请知名团队进行乡村规划设计，以及实现乡村规划师为首的乡村规划常态化、制度化，都使得富阳的乡村营造水平一直处于省内乃至全国领先地位。

图3-2　"一策划五设计"的富阳乡村营造模式

其中，较为典型的设计师团队便是普利兹克建筑奖获得者、中国美术学院教授王澍带领的业余建筑工作室和gad杰地集团下属的浙江绿城建筑设计有限公司，他们分别主导了文村和东梓关村、望仙村的浙派杭派民居建筑设计。2017年5月，具有建筑界"奥斯卡"之称的Architizer 2017 A+Awards颁奖典礼在美国纽约举行，浙江绿城建筑设计有限公司凭借设计作品"东梓关村'杭派民居'"夺得最佳评审大奖（图3-3）。此外，分阶段、分区域对独立村庄进行因地制宜的针对性设计，将区域范围内的资源不断整合利用，使得富阳在完成村庄层面上点的突破外，还进一步实现了村庄规划的全域覆盖。

文村、东梓关村、望仙村三个村庄在建设改造整治中，立足于自然人文独特背景，因地制宜，在村庄面貌的营造、空间环境的塑造以及单体建筑的设计和建造方面，都展现出了一种迫切的适应自身的当代文化需求（表3-2）。无论是文村的文艺野趣山居风情，还是东梓关村的现代诗意田园意境，抑或是望仙村的风雅杭韵水乡韵味，都是富阳乡村正在不断转变、并被重新定义的新名片。

洞桥镇文村

· 2016年度住房和城乡建设部第二批田园建筑优秀实例一等奖

场口镇东梓关村

· 2016年度住房和城乡建设部第二批田园建筑优秀实例二等奖
· 2017年获得具有建筑界"奥斯卡"之称的Architizer A+Awards 最佳评审大奖。
· 2018年获得Blueprint Awards建筑设计类优胜奖，是唯一的中国项目获奖
· 2019年获得亚洲建筑师协会建筑奖金奖

图3-3　富阳乡村设计所荣获的国内外荣誉奖励

三个村庄风貌塑造与设计创新对比　　　　　　表3-2

村庄名称		文村	东梓关	望仙村
村落风貌	景观环境	自然景观佳，人工景观不成系统	自然景观佳，人工景观老村丰富多样，新村绿化低	自然景观一般，人工景观老村缺乏，新村系统化
	村庄风貌	从老村中生长出来的新村	新村、古建、老村和谐过渡	新旧村落碰撞强烈、割裂
	村庄肌理	保留+延续旧村肌理	延续旧村肌理	延续旧村肌理
	新民居	嫁接现代居住功能，整体异地新建+穿插式改造整治	嫁接现代居住功能，整体异地新建	嫁接现代居住功能，整体异地新建
空间环境	公共空间环境（村庄）	旧村环境综合整治+新村新建（行列式）+步行优先	旧村环境综合整治+新村新建（组团式）+步行优先	仅新村部分新建（组团式）+步行优先
	半公共空间（组团）	行列式+自然化布局	灵活式+人性化组团布局	灵活式+人性化组团布局
	院落空间（建筑）	新村天井（观赏+采光+通风）	旧村已进行庭院改造新村封闭式前院后院+天井（生活+休闲+观赏）	新村半封闭式前院后院+天井（生活+休闲+观赏）
单体建筑	新民居表达形式	文艺的野趣山居型	现代的诗意田园型	风雅的杭韵水乡型
	新民居功能布局	现代化乡村住宅	现代化乡村住宅	现代化乡村住宅
	公共建筑功能布局	乡村书院（未建）	旧村：村史馆、张绍富医馆等新村：乡村书院+村民活动中心	村民活动中心（新村）
	历史建筑保护与发展	24幢历史建筑已改造8幢，部分企业已入驻	100幢历史建筑已改造17幢，部分投入使用	未进行历史建筑改造保护

1.村落风貌营造

在宏观尺度的乡村规划设计中，三个村庄立足于自然人文独特的资源条件，在村落风貌的营造上展现出不同特点。对于景观环境的整体打造，在自然山水条件方面文村与东梓关村占据先天优势。在人工造景的节奏与序列上，从1.0版到3.0版，村庄整体景观更加趋于系统化。对于风貌的协调融合，文村与东梓关村过渡都较为自然，望仙村则显得较为粗糙生硬。而对于肌理的保留延续以及新民居点的建设搬迁，三个村庄都做出了妥善合理的安排。

在景观环境的塑造中，1.0版的文村由于地形限制，无法在新居建设中实现系统化的绿化设计，但依山而建、逐水而居的自然条件仍为其生态环境加分不少（图3-4）。2.0版的东梓关村位于富春江南畔，依水而生，自然景观极佳，景观类型丰富且设计趋于系统成熟。但因过分贪图后期养护之便，在其新村环境设计中过多应用硬质铺地，既影响视觉效果的美观也降低了公共空间的品质。3.0版的望仙村尽管在新村设计中兼顾了绿化空间的扩大与串联，但仍因其自身自然禀赋条件一般加之旧村疏于整理，难以满足村庄以外人群对于独一无二的美学审美和精神价值的诉求，从而造成了其文化旅游"网红效应"较弱的现状。

(a) 文村   (b) 东梓关村   (c) 望仙村

图3-4 三个村庄景观环境对比

在村庄风貌的表现上，文村在老村中自然生长出来的新村风貌相对更加自然、不动声色（图3-5）。传统民居用到的杭灰石、黄黏土和楠竹所展现出来的统一协调的乡土气息的现代民居穿插在原有的村落中，临溪而建的选址方式、依水而生的生活模式、传统的营造方式得到全新的传承。户与户守望相助，前后邻里相融交互，到处都传达着和谐古朴的气息。

(a) 文村   (b) 东梓关村   (c) 望仙村

图3-5 三个村庄新老风貌对比照片

东梓关村展现的则是新旧村落在历史的改造中柔和过渡的融合面貌。新村延续东梓关村古朴形象，运用现代的设计语言、抽象的屋顶线条、外实内虚的界面处理，塑造传统江南民居的神韵和意境，形成远处是山、近处是江，新村则是这个小村落中一个白色小聚落的感觉。同时，借由村庄公共空间古建筑的保护与适度开发利用，与老村实现自然过渡。东梓关村本就是一个依水而生的村落，从江边到新村，可以感受到时间的前行，不同历史时期的建筑展露出的不同风貌，都诉说着那个时期的故事，皆是历史的缩影。

而望仙村却显露出新旧村落风貌较为强烈的碰撞感，新村呈现出建筑色彩和谐、建筑材质统一、建筑语汇一致的风貌，是一种"望山依水新杭派，仙树灵花落民居"的诗意感；老村则色彩混乱、秩序混乱、表达形式混杂。

在村庄肌理的延续上，三个村庄新村落建设均延续了旧村的传统村落肌理（图3-6），文村8栋改造民居建于村落原有空白位置，保留了原有村庄的肌理。在"浙派杭派民居"试点落地上，文村新区块新农居建设选址在旧村东侧，项目占地9亩，14幢24户农居；老区块的整治为改造8幢农居，沿线环境综合整治；规划设计将要建设的文村书院位于村庄西南角，目前尚未开工。东梓关村选址在旧村东南位置，项目占地25亩，项目一期共有4种户型，拼合成12栋楼共46户；二期为新建一个村民活动中心以及将一栋古民宅改造作为乡村书院。望仙村选址在旧村东侧，占地面积40亩，共规划73户，新建一个村民活动中心。

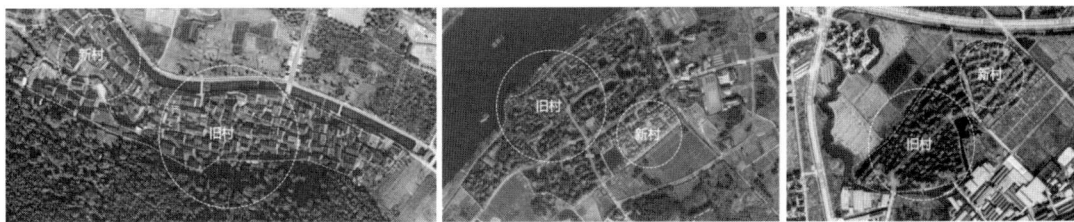

(a) 文村　　　　　　　　(b) 东梓关村　　　　　　　　(c) 望仙村

图3-6　三个村庄肌理及新村建设对比

2.空间环境塑造

村庄的公共广场、组团的半公共邻里空间和农居内的院落三个不同层次的空间塑造共同构成了一个完整、富有节奏的开放空间系统。在中观尺度的乡村规划设计中，三个村庄在空间场所的营造上有所差异。1.0版的文村空间尺度处理较为适宜，但因其村庄规模以及自然地形等的限制，实际表现得较为单一。2.0版的东梓关村拥有多类型、多层次的开放空间，空间尺度感、节奏序列的营造显得更为错落有致。而3.0版的望仙村则显现出了较为仓促的建造方式，旧村由于可能面临整体拆迁，在新一轮的民居建设中未做统筹考虑，因此就调研现状来看，新村空间有条不紊、尺度适宜；旧村空间杂乱无章、狭窄拥挤。

在新村的公共空间设计上，三个村庄因地制宜，展现出了不同特点。文村位于山区，背山面水，顺应村庄原有狭长地形和村庄肌理，基本呈行列式布局。东梓关村和望仙村地处平原富春江岸，在新村布局中将数幢民居空间围合，都形成了一定的组团式布局。三个村庄考虑到村民私家车比例较少，而且也避免可能发生的私家车塞满整个村庄的情况，布置了集中的停车区域。在村庄道路的设计中也多是遵照以人为本、步行优先的原则，保留了传统村落固有的生活尺度感，同时也节约了较多的空间面积以提供给组团、院落。在组团以外的公共空间内，配备了一定数量的停车场、公共广场、公共服务场所和集中景观，满足村民日常生活、公共服务所需（图3-7、图3-8）。

图3-7　三个村庄的公共空间

在对于旧村的公共空间塑造上,文村和东梓关村均对旧村沿村庄主要入村道路、长塘周边房屋完成了环境综合整治。文村改造8幢古建作为未来引进民宿所用等;东梓关村许家大院、安雅堂、许氏六、八房等历史建筑已完成修复工作,并投入公建使用;此外更是将过去被浪费掉的空间梳理出来,作为生态停车场等用。

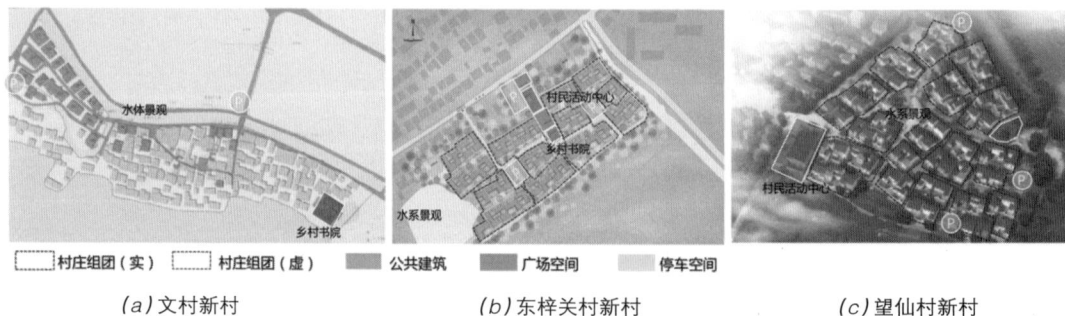

| 村庄组团(实) | 村庄组团(虚) | 公共建筑 | 广场空间 | 停车空间 |

　　(a)文村新村　　　　　　　(b)东梓关村新村　　　　　　(c)望仙村新村

图3-8　三个村庄公共空间对比

半公共空间——组团环境。传统聚落丰富形式的背后具有相似的空间原形,绿城试图从类型学的角度抽象共性特点,还原空间原形,尝试以较少的基本单元通过组织规则实现多样性的聚落形态。东梓关村和望仙村将3~6户民居通过建筑基底边界和院落边界,形成一定角质关系的横向、竖向单元的组合,从而组成一个个组团布局,同时形成一定数量的半公共空间。摈弃过去兵营式的机械化布局,改为灵活式的人性化组团布局,在更为节约用地的方案下,塑造出更为丰富多样、具有一定私密性并且可供交流的邻里交往空间（图3-9）。而与前两者相比，文村延续村庄原有依山傍水狭长的地理环境下生长起来的行列式排布，呈现无组团式组织。虽然在密切邻里交往的半公共空间上营造力较弱，空间围合感不强，但凭借其临溪而建的天然地理优势，也为其邻里交流提供了一种更为传统的模式。

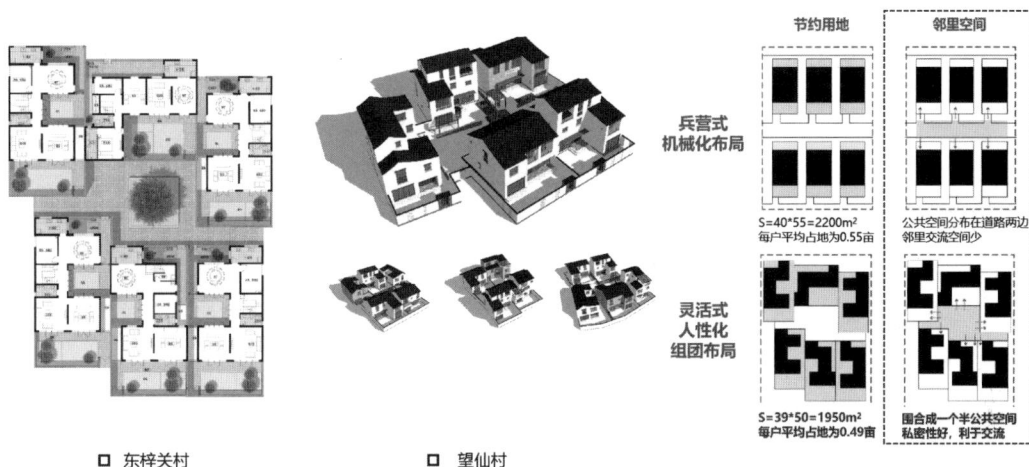

□ 东梓关村　　　　　　　　　　　　　□ 望仙村

图3-9　东梓关村与望仙村的半公共空间——组团设计

　　对于院落空间的设计，三个村庄都改变了上一阶段模仿城市的扁平化"方盒子"式的民居设计，采用传统中国建筑中的院落过渡公私关系，重新唤起了人们对于这一空间的记忆。在基本单元的设计运用中，文村采用天井的样式以提供基本的采光通风，加之少许的观赏性功能。而东梓关村和望仙村则都选择借助院落形式将住宅功能串联，东梓关村采用前院、内院和后院三种院落形式，望仙村选用前院和后院两种院落形式，并由此通过不同的院落界面形成透明度完全不一样的建筑空间（图3-10）。

（a）文村天井　　　　　　（b）东梓关村前院　　　　　　（c）望仙村前院

图3-10　三个村庄的庭院空间对比

　　前院通常作为最开放的空间，阳光充足，并设计以花格砖墙形式形成内外视线的穿越与交流，空间较为宽敞，功能也较为丰富，可作生活、休闲和观赏之用（图3-11）。内院的置入为餐厅、起居室等功能空间提供了面向自然、增加光照的可能，同时也成为堂屋功能的扩展空间。而后院则作为

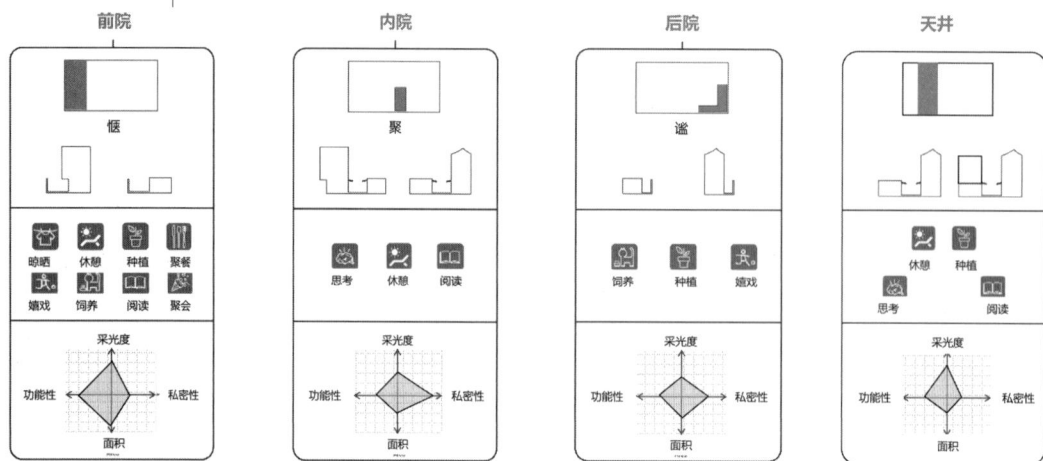

图3-11　四种庭院空间

后勤生活空间所用，紧挨着农具杂物间、洗衣房或者厨房。前院开敞，内院静谧，后院私密，构建出富有节奏感的空间序列。

3.单体建筑设计

在微观尺度的乡村规划设计中，设计师对于三个村庄建筑"形态"的特色和差异都表现出了自己独到的见解。在新民居的表达形式上，1.0版到3.0版形态转变表现为建筑风格逐渐趋于平淡，文村因设计师浓郁的个人色彩显现出强烈的视觉冲击感，东梓关村也将吴冠中笔下的水墨江南表现得淋漓尽致，而与此相比的望仙村就显得如此的中规中矩。但在功能布局上，3.0版的望仙村相较于前两者则更加趋于合理完善。对于历史建筑的保护与发展，三个村庄因自身遗存数量、人文底蕴有所差异，在后期整治改造中也表现得较为不同。

在新民居的形式表达上（表3-3、图3-12），建筑大师王澍设计的1.0版文村民居建筑大量运用当地取材的黄色夯土并加以竹幕墙、斩假石以及木材装饰，将乡村的文脉特质借由建筑形式的表达不断外化，表现得大胆而狂野，自然且文艺，是乡村景观空间视觉审美化塑造的一个典范。2.0版的东梓关村则从江南水墨画中读取灵感，用粉墙黛瓦去表达建筑内含的独属于江南的温婉内敛气质。民居建筑微曲而优雅的黑色屋顶线条与白墙对比形成强烈的线条感，传统砖石外墙与木质感格栅在虚实之间也完成了外实内虚的传统特征的现代手法转换，吴冠中笔下"白屋连绵成片，黛瓦参差错落"的水韵江南在现实中被刻画出来。在新媒体时代下，遵循视觉传播的逻辑——"呈现的东西都是好的，好的东西才呈现出来"，文村和东梓关村的民居作为外来游客精神和视觉的消费对象，其赏心悦目的视觉影像内容被大众媒介不断循环放映以及爆炸式传播也就全在情理之中了。

相较于前两者，3.0版的望仙村则在造型设计上表现得较为收敛寻常，这阶段审美化需求的重要地位被功能实用性所替代。略显中规中矩、普通平常的建筑造型以及因选用商品化的材料和砖混结构而获得的较低造价，都为其实现民居建设的先行示范和日后推广提供了可能，望仙村的"网红效应"显得更加直接务实。

三个村庄新民居表达形式对比　　　　　　　　　　　　表3-3

村庄名称	文村	东梓关村	望仙村
建筑风格	文艺山野民居"隐形城市化"的状态	现代江南民居弧型建筑屋顶"吴冠中笔下的水墨江南"	风雅水乡民居"白墙黑瓦微润，竹棂木门含香"
建筑色彩	样式1： 样式2： 样式3：	粉墙黛瓦	样式1： 样式2、3：
建筑材料	样式1：杭灰石墙+斩假石包边+木质门窗+木质栅格 样式2：夯土墙+抹泥墙+斩假石包边+素水泥面+竹幕墙 样式3：杭灰石墙+白色涂料墙+斩假石包边+木质门窗	主要：白色涂料、灰面砖 点缀：部分仿木金属栅格、石材墙饰	样式1：白灰色涂料墙+木质门窗+白色涂料围墙 样式2：杭灰石墙+木质门窗 样式3：灰色房屋砖墙+木质门窗+白色涂料围墙
建筑层高	三层	三层 / 两层半	三层 / 两层半

文村——文艺杭派民居

望仙村——风雅水乡民居

东梓关村——现代江南民居

图3-12　三个村庄新民居表达形式

在新民居功能布局上，伴随着生产方式和生活习惯的转变，日常的居住空间也在发生转化（图3-13）。土式的粪池逐渐转变成现代化的装有抽水马桶的厕所，牲畜饲养不再成为家庭重要的收入来源，转变到物质上则是牲畜空间的消失，这两项改变其实对家庭居住环境的改善起到了转折作用。此外，由于过去房屋进深较长而置于房屋内部的天井逐渐被丰富的院落空间代替，即使是文村的民居设计中仍然运用了天井的形式，也都是在视觉效果、大小高度和功能植入上做过改善的。然而，村民长期形成的某些生活习惯也很难接受新的空间变化，在规划设计中设计师仍然秉持着用设计解决实际问题的原则，尊重并改进居民想要保留的生活方式，创造出进步性的生活生产空间。因此，洗衣池、土灶头、杂物间和农具间等刻在乡村建筑骨血里的小构筑物依然可见。

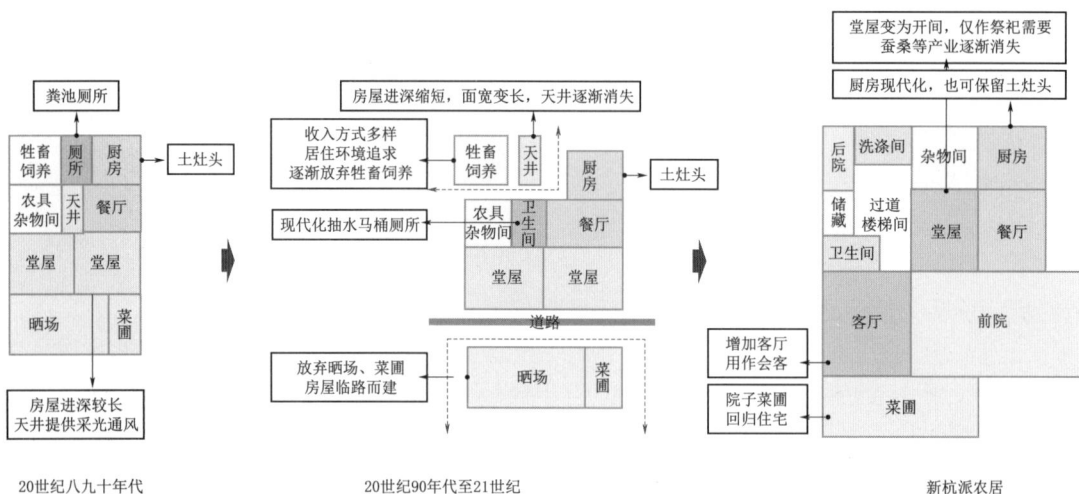

图3-13　民居建筑功能的演变

在历史建筑的保护与利用上，富阳延续传统乡土文化的传承，保留了中华传统美学维度下的审美格调，维持了自然、人、社会三者的协调统一。富阳转变以往把传统乡土环境及其文脉置于工业文明的对立面的视角，开始整治有历史韵味的建筑，保留契合自然的建筑，将新建、整治、改建与保护相结合，重塑具有家园感的空间场所。文村整治修缮完成的8幢建筑，多数为民宿发展用途，已有企业入驻。东梓关村目前整治修缮完成的17幢历史建筑中，例如新建的代表——村史馆（图3-14），拔地而起的新建筑却仍然延续着整个村庄古建的风韵，达到了新建如旧的效果。整治改建的代表——安雅堂，最初为许氏家族的民居，而后成为宣传村庄张氏正骨的文化建筑，在被赋予新的定义之后得到了再一次的生机焕发。而望仙村在古建的保护利用上仍处在探索阶段。

（a）东梓关村安雅堂整治改建　　（b）村史馆新建如旧　　（c）文村整治改造
图3-14　历史建筑的保护与利用

二、业态：多元产业，创新创意带动美丽经济

产业是保持农村地区活力的重要前提。为实现新时代乡村振兴的重要目标，仅做好乡村地区居住空间的优化、特色的保护和彰显、公共服务的完善提升等工作是不够的，还必须积极培育乡村产业，这样才能推动乡村的可持续健康发展。例如，文村和东梓关村都是典型的网红村，在互联网这样一个媒体环境下，依靠视觉景观被网民大量关注而走红。在这些审美化的乡村空间受到关注之后，就会带来一系列的经济现象，甚至会发生深刻的经济变革（图3-15）。无论是1.0版的文村、2.0版的东梓关村还是3.0版的望仙村，在美丽乡村建设的产业发展中都体现了乡村经营的理念，通过空间重塑、资源整合、人文开发、业态植入，达到美丽乡村的永续发展（表3-4）。

新空间直接吸引众安集团注资30亿，打造文村"艺术旅居"品牌。

图3-15 空间重塑带来的网红经济

其中，文村原产业主要以一产为主，主要产业类型为养蚕。村庄位于低丘缓坡区域，村内耕地很少，收入主要靠在外打工。因靠近山区，村内具有良好的自然风景资源。东梓关村处于河滩平原区域，具有良好的耕地资源，因其独特的地理位置，是富春江上的一个重要码头节点，其原产业类型较为多元，但均是低水平低技术的传统产业，不具备高经济含量和服务功能。望仙村原先是一个传统的以民营经济为主的传统村落，产业类型主要为二产，村内用地紧张，几乎没有一产和三产。上述三个典型村庄均是抓住"浙派杭派民居"示范村建设这一契机，通过新乡村特色空间营造，使得这个村庄与现代社会产生关联，激发村庄的活力，并借助网红村的流量，推动乡村经济变革。

三个村庄产业对比 表3-4

村庄名称	文村	东梓关村	望仙村
建设类型	自然资源村落开发与建设	历史村落保护与开发	传统宜居村落建设
传统产业	养蚕、旅游、民宿	旅游、中医康养、租赁、红糖加工、进水器零部件、农业用具等工厂、规模种植	开办电梯加工等工厂
产业结构	一产,少量二产,三产	二产为主、兼少量一产、三产	二产为主,无一产、三产
特色资源	名人效应、自然资源景观	中国传统古村落、中医馆	造纸技艺、膏药厂
产业规划	大都市周边的养老康养基地	文旅休闲度假颐养小镇	杭派民居宜居示范村
新兴产业	旅游、民宿、养蚕	旅游、中医康养、租赁、民宿、餐饮、酒坊、规模种植	旅游、民宿

1."文艺村落"引发的民宿经济:文村案例

作为浙江省美丽宜居示范村庄建设的先行启动区,得益于著名建筑师王澍临水而建的14幢新民居,因其设计风格的独特性,洞桥镇文村一举成名,长时间被媒体关注,并被称为"很艺术的村落,很酷的房子"。整个村子新与旧的风貌形态相互碰撞、联结、叠加与映射,凸显出现代与传统的一脉相承、相辅相成,架起文村传统与现代的桥梁,从旧居走到新居,既能看到旧居的影子,又富有新意,且无断层感。

然而,拥有这些优质的山水资源、淳朴的乡土人情,以及著名建筑师的名望,如何让这些优势条件充分发挥作用,引导村庄形成美丽经济?正如当初的设计者所说"建民居仅仅是个开始,社会性的乡村建设力量加入,如何引导乡村的经济转型?各种对乡村感兴趣的人,会带来怎样的变化?"其实,因美丽民居建筑成名之后,已经吸引了大量社会资本的关注,加之村庄随后举办的音乐节、山香节和美食节都为文村带来了不少人气(图3-16)。由此,独特的设计理念与建筑师名气,为文村带来了巨大的关注流量。仅2017年,村委接待的参观考察团及游客数量就达到了3万人次以上,这还不包括散客和旅游观光团。

首先,筑巢必能引凤。新建民居房已于2015年建造完毕,除了分发给回迁户居住的新民居以外,如何发挥其余民居的最大效益成了文村亟须解决的问题。文村引入以众安集团为代表的社会资本注入,形成"政府主导、企业协同"的新乡村治理模式。依托浙派民居与当地的自然生态资源,积极发展旅游经济,整体塑造文村"艺术旅居"品牌形象,构建乡村度假群落集聚体。

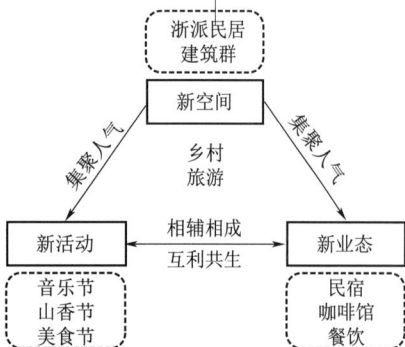

图3-16 文村新业态示意图

2016年10月,浙江众安集团旗下的众安民宿产业发展有限公司与富阳

签约,计划依托文村与当地的自然风光,构建乡村度假群落。以打造全域
旅游为目标,整体塑造文村"艺术旅居"品牌形象,把洞桥镇文村打造成
为国内精品民宿群落典范。文村乡村度假群落的首个项目——在九栋新农
居基础上打造的民宿"云忆·文邨居"已正式对外开放营业。民宿的单幢
面积在270~360m²之间,内部装修、设计以简约中国风为主,每幢民宿有
3~5个房间,按照房屋结构、游客需求的不同,有大床房、套房、亲子家庭
房等不同房型,试营业期间价格在480~1280元/天不等,9幢民宿大约每天
能接待70名游客(图3-17)。

图3-17　云忆·文邨居民宿

　　众安集团将以4A级景区标准把文村打造成中国艺居田园特色小镇。
把曾经荒废的田地改造成人人向往的"花海"仙境。届时,不仅是农田里
会种植大量花卉,乡间路边、墙外窗边也会种植各有特色的花草。各类花
草既可以观赏也可以售卖。对于花卉的种植也邀请了专业技术人员来文村
进行指导(图3-18)。更别具匠心的是,九栋已经开放的民宿也会重新装
饰,并配合九朵花的主题,每一栋民宿对应一种花,九朵花交相辉映,与
棱角分明的民宿房相融合,减淡了房屋的硬朗印象,与田间路边的花卉相
呼应,形成九个生动形象的特色民宿。

图3-18　富阳"艺居田园"的花海仙境

　　其次,因地制宜,因时制宜。秉承"兼田园之美、具城市之利"的理
念,众安集团并没有选择在文村大兴土木,而是择地势而建,在山腰建造
特色度假酒店,与改成民宿的王澍设计作品一起为游客提供住宿。除了可
供选择的丰富住宿以外,露天游泳池、瑜伽会馆、温泉、水上乐园等休闲

设施都将在未来配齐。同时，众安集团还引进大健康概念，青山绿水的自然环境有利于都市人群的休养生息。在此基础上，还将配备高级养生场所和疗养院，使得乡村度假群落不仅仅是众多游客的好去处更是养生休闲的好地方。完整的乡村度假群落，计划将于2020年基本完成，届时文村将成为一个集旅游、养老、商业为一体的乡村度假群落。

2."富春山居图"式的颐养小镇：东梓关村案例

富春江畔有数百年历史的东梓关村依靠码头关隘而发展繁荣，兼具悠久的商贸传统文化，并因近现代富阳人郁达夫更为知名，新中国成立后又因骨科名医张绍富而闻名于省市内外。2013年以来，东梓关村在大力推进"浙江省重点历史文化古村落"保护工程的同时，坚持规划先行，委托杭州两家公司对村庄进行规划设计，努力将整个村庄建成一个集古典与现代于一体的江南古村落、新样板。

2015年东梓关村"杭派民居"试点正式开工，统一规划和先进设计理念的优势得以充分体现：村里长塘周边39幢房屋完成立面改造，小巷铺上了青石板，按照修旧如旧的原则，许家大院、越石庙、安雅堂等濒临倒塌的古建筑都得到了修缮，传统风貌与"新民居"和谐相处。2017年，受央视媒体的关注，东梓关村的杭派民居成了大众视野中的"网红民居""中国最美农民回迁房"，被众多网友称为现实中的"富春山居图"。同年，浙江省旅游局、浙江省农业和农村工作办公室按照省域大景区的理念和大花园行动纲要的要求，高标准打造"诗画浙江"中国最佳旅游目的地，推进"万村景区化"，东梓关村顺利通过浙江省3A级景区村庄验收。

全新的村落空间带来了全新的流量，带动了乡村旅游业发展。"最美回迁房""网红村""中国古村落"等一系列称号使得这个村庄名气大增。前期已有浙江绿城建筑设计有限公司、浙江南方建筑设计有限公司、杭州市城市规划设计研究院、杭州市建筑设计研究院等7家知名设计院落户，一个以多元、包容、开放、跨界为引领的设计小镇，已经在东梓关村启动。

当前东梓关村引进了开元集团投资的文旅休闲度假颐养小镇项目，坚持保护开发一体的理念，以富春山水为灵魂，以东梓关古村落为核心，以休闲度假中医养生为依托，打造富春山居田园综合体。东梓关村正在进一步完善基础配套设施，加快游客接待中心、停车场等基础配套设施建设，加大古建筑修缮和沿线立面整治力度。

同时，东梓关村充分利用"网红村"、中国传统古村落、杭派民居示范村等有利条件，进一步集聚人气（图3-19、图3-20）。目前，东梓关村文化主题公园、游客接待中心、养殖基地、面积300多亩的甘蔗产业园等项目正在建设中。沿富春江景观带正在打造"江心一条街"发展渔家乐和精品民宿，整个村落将以跨文化发展、跨产业融合、跨门类整合为主题，形成一个以文化消费创新为主导的乡村产业示范区。

以空间重塑带动产业发展

设　计　　　　网　红　　　　产　值

图3-19　由空间重塑带动乡村产业发展

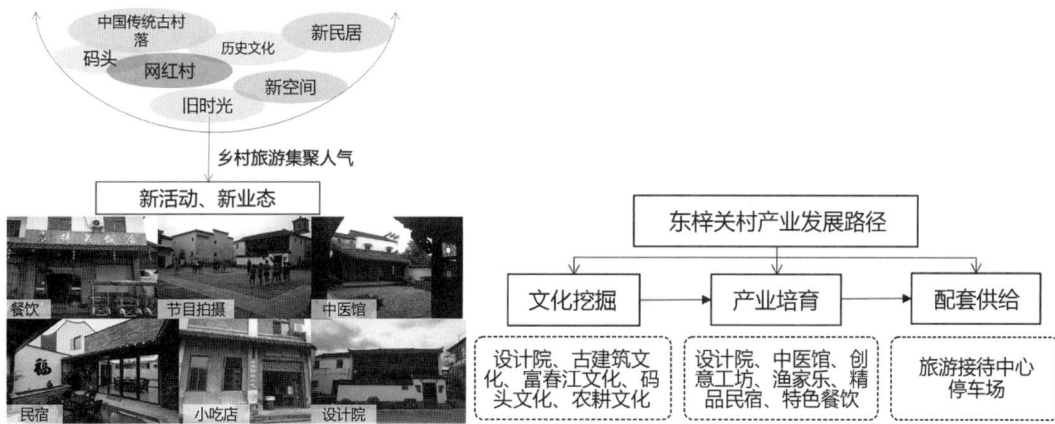

图3-20　东梓关村新业态示意图

　　早年间东梓关村的一些村民舍弃老宅,去杭州或更远的大城市谋求生计,村庄逐渐出现"空心村"现象。如今,整治提升后的东梓关村成为富阳美丽乡村的一张名片,也吸引着一些东梓关村人返乡创业。在调研中了解到,近年来村民朱国平在外地打工的儿子朱勇杰返乡回家,精心装修了茶室、天井小院和卧室房间,给自己的小院起名为"茶言居",并用手机软件把新居照片编辑成乡村民宿宣传名片。2017年春节,他在网上晒出了一组最美回迁房的照片,瞬间引爆朋友圈。现在,他的"茶言居"几乎成了游客到东梓关村必去的地点,并上了2018年春晚片头,广播大江南北。2018年国庆节期间,东梓关村接待游客37万人次,一天游客量突破10万人次。通过"百鲜宴"等活动,村民实现餐饮收入700余万元,9家民宿收入达26.8万元,乡村营造引领着乡村振兴向纵深推进(图3-21)。

3. "旧产新生"的生态宜居乡村: 望仙村案例

　　相比文村、东梓关村的网红效应,富阳区大源镇望仙村"杭派民居"的影响力似乎有所削弱。但在建成之后,望仙村因白墙黛瓦的新杭派民居特色而再次进入大众的视线。在规划设计上,新民居延续原有村庄肌理,一水穿村而过,建筑布局错落有致,再现了"小桥

图3-21　2018年东梓关村国庆节现场

流水人家"的江南神韵,让村名中的"望仙"两个字变得具体而生动。

望仙村是一个村集体经济与个体联户经济并驾齐驱的村庄。1979年起就有村民生产拉门、卷闸门。至1992年,望仙村60多家私营企业中有59家生产钢拉门、卷闸门。望仙村因生产的钢拉门、卷闸门单位多、销量大、产值高,素有"拉门、卷闸门王国"的美称。然而,相比发达的工业经济,传统农业和生活服务业发育不足,村庄经济相对停滞,影响了乡村可持续发展。

由于靠近大源镇区,望仙村人多地少,已有30多年没有新增土地用于村民建房,广大村民需求迫切。为解决村里建房困难的问题,在各方努力下,2015年望仙村被杭州市确定为杭派民居示范点。村庄邀请浙江绿城建筑设计有限公司的项目团队,在征求百姓意见、六易其稿后,设计出具有江南水乡望仙村风格的杭派民居,其功能样式有别于东梓关村的杭派民居。

望仙村"杭派民居"位于原来老村的东侧,旁边是杭新景高速连接线,占地面积40亩,总建筑面积2.2万m^2,总户数73户。自2015年7月30日开工以来,短短一年多的时间,这里便从一块空地变成了一片错落有致、风情万种的"古韵新民居"。2016年下半年,望仙村杭派民居开始分房,以1385元/m^2的成本价(白灰外墙户型)卖给有需求的村民。房屋落地面积均为120m^2,其中建筑面积最大的330 m^2,多数为240 m^2。目前已有不少村民入住。

远远看去,白墙黑瓦再现了传统徽派古民居的神韵,走近一看,房屋又点缀了许多现代的实用设计(图3-22)。两层半的小楼,入门是院落、花草、蔬菜、水果皆可种植。屋内有5个房间,五六口人的农村家庭,住在此地绰绰有余。后院可存放农具,亦可洗洗刷刷。整个农居范围分3个组团,共有9种户型,以水系为界,布局错落有致,道路、绿化等配套项目一应俱全。望得见山、看得见水、记得住乡愁,在这片新民居中得到生动体现。

图3-22　望仙村新民居

借助此次杭派民居示范点建设,望仙村积极优化传统产业结构,以村庄的造纸文化孕育新业态,拓展村庄产品价值链。引导加工企业向产业园区集中,打造优势产业集群,扩大产品影响力。同时,凭借错落有致的新村空间,发展旅游经济,利用村庄医药加工企业生产膏药,打响激活"望仙问膏"的产品品牌。通过膏方、兰花、造纸等独特文化产品吸引游客留下来,将美丽乡村变成美丽经济。除此之外,望仙村还将产业发展与传统地方文化挖掘相结合,重修村内的许氏宗祠,发扬宗祠文化,重塑乡村乡贤士绅文化,并结合非物质文化遗产的保护,培养乡村非物质文化遗产的传承人。

三、社态: 共同缔造, 构建乡村治理共同体

富阳的乡村建设工作带来了很强的社会效应, 东梓关村、文村、望仙村等浙派杭派民居建设引起了强烈的社会关注, 给村庄带来了大量的人气。这些浙派杭派民居示范村每天都接待大量的游客以及省内外机构单位来实地考察, 学习富阳的乡村营造经验。例如, 东梓关村凭借杭派民居项目的宣传、自身的文化底蕴以及较好的地理位置吸引了不少省内外人流, 村庄的建设工作也被多家媒体报道, 在网络上引起很大的反响。望仙村则是依靠其独特的村民自治机制, 引起了广大乡村研究学者和乡镇管理者的重视。文村则是以先导性的浙派民居特色建筑作为宣传亮点, 吸引了许多艺术文化爱好者及国内外游客前来参观, 并产生了社会资本积极入驻的影响效应。

在富阳乡村营造过程中, 其乡村治理充分考虑社会和经济双重效应, 重新界定政府、乡村、企业三者边界, 唤醒村庄共同体意识, 将各类经济功能从新型经营主体中寻回, 关注公共事物、农民之间社会关系以及人口的流动, 鼓励新乡贤和青年回到村庄进行创业。三个典型村庄也在建设过程中逐渐摸索出了乡村营造治理机制, 形成了不同的乡村建设模式。其中, 洞桥镇文村建立起了政府主导、企业协同的自上而下的营造模式, 场口镇东梓关村形成了政府引导、村民参与的建造模式, 而大源镇望仙村自主形成了基层协商民主小组, 开启了政府引导、村民自主建设的自下而上的开发模式 (表3-5)。

富阳村庄建设治理模式类型　　表3-5

发展阶段	新民居1.0版	新民居2.0版	新民居3.0版
典型村庄	洞桥镇文村	场口镇东梓关村	大源镇望仙村
建设治理模式	政府+企业协同合作的自上而下的建设模式	政府主导、村民参与的建设模式	政府引导、村民自主建设的自下而上的建设模式
政府	政府主导, 美丽宜居示范村建设试点	政府处于主导地位	政府积极配合、引导
企业	设计团队和建筑类企业, 积极配合政府, 为村庄建设建言献策	建筑类企业、旅游开发类企业积极介入, 多以盈利为目的	建筑类企业, 积极配合村民需求开展规划方案设计与施工
村级组织	积极配合上级政府计划, 组织村民参与	积极参与乡村营造, 组织村民参加村庄建设	具有较强的自主管理能力, 积极开展村庄建设
村民	前期功能角色相对被动, 后期积极参与村庄建设	主动参与新民居建设	成立村民自治小组, 主导村庄新民居建设
优点	推进速度快、起点层次高、开发有规模, 充分利用社会资源	充分协调政策、资金、基础设施建设之间的关系	充分尊重村民自治决策, 节约资源与人力, 形成以村民为主体的乡建模式

1.政府主导、企业协同: 文村案例

文村是富阳探索 "浙派民居" 建设的第一村, 其乡村建设主要是由地

方政府推动。政府主导体现在组织发动、部门协调、规划引领、财政支持等方面，形成整体联动、资源整合、社会参与的乡村建设模式。在文村营造过程中，有关政府部门通过项目招标进行村庄基础设施建设与旅游项目开发打造，通过规划引领和政策扶持等引导村级组织参与其中。文村村委作为地方政府和村民之间的桥梁，一方面配合投资企业开展工作，组织村民参与村庄建设，另一方面反馈村民诉求，监督乡村建设项目，使得新民居建设更具针对性（图3-23）。

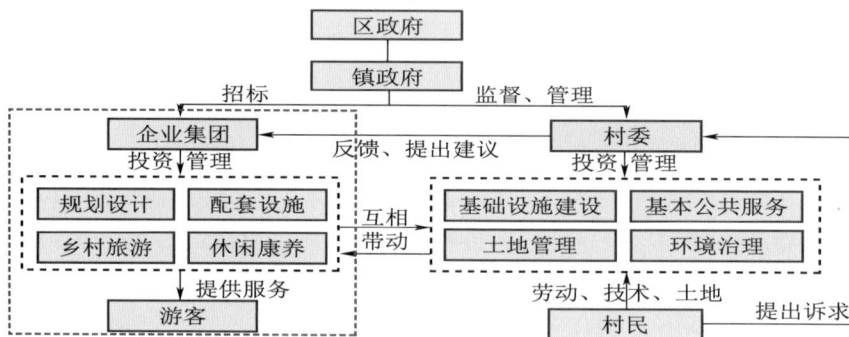

图3-23　政府主导、企业协同合作模式示意图

　　"政府主导"并不是政府包办一切，关键是要最终形成多元参与乡村营造的工作机制。洞桥镇政府引导企业参与村庄建设，引进组织结构成熟的公司进行村庄建设与经营。在文村建设过程中，一是由富阳规划和自然资源局、原农办牵头，通过项目招标，引进3家企业团队参与村庄建设；二是新民居的建筑设计方案由业余建筑工作室（中国美术学院建筑艺术学院设计团队）负责；三是建设施工由富阳国有企业富春山居集团负责，杭州富阳工贸投资集团出资，开展文村新民居建筑建造。

　　针对文村浙派民居营造经验，根据文村委访谈，总结出四个关键要素：一是浙江省实施的"三改一拆"（即旧住宅区、旧厂区、城中村改造和拆除违法建筑）大行动，为新民居营造打好了前期基础；二是建筑师的精心设计；三是两家民营企业的倾力资助；四是数个自然村宅基地的拆整、复垦，置换出建设用地，保证了新民居的落地。

　　在洞桥镇文村的建设过程中，设计团队开展了充分的实地调研与访谈，了解村民需求与建议，村委也多次组织设计团队参加村民代表大会，进行设计图纸完善与修改，最后由代建公司进行投资施工建设。在原本打算建14套房屋的土地上建设了24套房子，加上在老村区域通过危房拆除新建的8套房屋，合计建造了32套新民居。在村庄建设投资中，由地方政府承担村庄环境整治以及道路市政等建设费用，房屋建筑的建造费用由村民个人负责。

　　考虑到村民对新民居成本费用的负担能力，每平方米约达3500元，这对于收入较低的村民，属于一笔较高的费用支出。因此，地方政府引入企业集团参与文村建设，由企业投资文村新民居建造，回迁户只需以1500元/m²

的价格购买房屋。除去分配给回迁户的13套房屋,剩下的19套房屋所有权归村集体所有,但一定时期内的经营权归企业。由此,文村通过经营权转让筹措建设资金,并用于集体经济的壮大和发展;企业通过打包推广宣传、旅游开发和经营活动等获取收益;农民可以以个人身份加入,以劳动获取收益。

新民居落成之后,文村吸引了浙江众安集团产业资金注入,全力打造以精品民宿群落为核心的田园综合体。通过村庄整体项目建设,全面细化文村区域内生产、生活及服务各区块的生态功能,完善交通、旅游、农业、水利、环保等各类专项规划,促进村庄空间布局、功能分工和发展计划的统筹协调。同时,通过文村村委的联结,便于众安集团与村民协调、沟通,有利于克服社会资本与村民因利益分配产生的矛盾问题。村委会还可对众安集团起到一定的监督作用,保证乡村旅游正规、有序地发展。

这种自上而下的乡村建设模式优点是推进速度快、起点层次高、开发有规模,充分利用社会资源,既有利于促进村庄发展,推动新时代美丽乡村建设,又可以减轻村民建房的经济压力。但在此过程中,一定要充分考虑村民利益、丰富多元化参与形式,提高村民参与经营管理村庄的积极性。

2.政府主导、村民参与: 东梓关村案例

东梓关村位于富春江南岸,320国道附近,区位条件较好,各种资源较为丰富。村落在很早之前沿富春江线状发展,当时水陆交通非常发达,曾经是一个很繁华的集贸市镇,后来由于交通方式的变革,村庄开始没落。这里也曾是富阳龙门古镇孙氏的发源地,著名文人郁达夫曾来这里疗伤,其间惊叹于东梓关村的风光美景,写下了文章《东梓关》。曾经的繁华给东梓关村留下了大量的历史建筑,现在这些历史建筑有些保存完好,完整地展现出东梓关村曾经的繁荣格局,但有些年久失修,显得残破不堪。

东梓关村的村庄建设主要包括三个部分,分别为古村落保护开发、杭派民居新村和特色小镇建设。尽管东梓关村各类旅游资源丰富,但古村落保护开发尚处于初期,前期基础设施建设由于投资大、周期长、见效慢等原因,潜在的旅游市场需求难以形成对市场供给的强有力的拉动作用,导致许多企业不愿涉足,仅由地方政府或村集体主导。在富阳区和镇两级政府的引导下,东梓关村的乡村建设发展初期主要依靠政府力量来培育市场,以实现资源的优化配置。因此,前期地方政府邀请了擅长古建保护规划的浙大安迪规划院编制东梓关村庄保护规划。后来又邀请擅长建筑设计的浙江绿城建筑设计有限公司进行杭派民居设计,进一步激活东梓关村的文化风貌资源。最后,邀请擅长特色小镇营造的浙江南方建筑设计有限公司统筹规划东梓关村颐养小镇建设。

由于村庄的各类资源属于村民共同所有,地方政府比任何一个公司、企业、个人更能从政策、资金、基础设施建设及协调关系等方面对乡村建

设加以引导。在东梓关村杭派民居的建设过程中，负责村庄布局规划设计与建筑设计的浙江绿城建筑设计有限公司是由区政府邀请，负责建筑施工的企业由村委会统一公开招标，但发挥主要组织作用、沟通协调作用的是地方镇政府（城建办）。如村庄规划由镇政府与区规划局对接，村庄建设土地调整由镇政府与区国土局申请，包括一书两证等事宜都是由镇政府负责和区里相关部门沟通协调，而新民居建设的公建配套资金也主要由镇政府财政进行支付。

在东梓关乡村营造过程中，项目设计团队充分考虑了村庄独特的自然地理条件和历史文化底蕴。设计师在进入村庄之初，就提出要重新修缮利用传统古建筑，对于村里保留的老房子，建议收归村集体所有。这些老房子若作为居住空间其物理环境受到了一定的限制，但作为乡村聚落的公共空间却非常合适。然后再引入一些主题，在这些新的公共空间注入新的业态，使得这个村庄与现代社会产生关联，从而激发村庄的活力。然而，由于村落开发建设处在初期阶段，不论是基础设施建设还是资金的筹措，大多数依靠政府的投入。同时，东梓关村旅游发展也处于市场开发的初级阶段，市场化程度低，市场机制在资源配置方面的力量尚显薄弱。因此，东梓关村的前期建设需要借助政府的力量来培育新兴产业，进而引入市场力量，以实现乡村资源的优化配置。

在实际建设过程中，场口镇借助"区镇村联动"机制，成立村庄建设专项工作小组。"区镇村联动"破解了传统村落建设的机制难题，积极发挥了区镇村三级机构在政策、资金、技术等方面的引导作用，同时发挥了村民的主体性作用。乡村建设专项小组机制使乡村建设的每项工作都有专项负责人，通过微信工作群的形式，及时在群里发布消息、反馈工作成果，加强各方沟通，确保消息能准确传达到每一位基层的工作人员，使得村庄建设工作快速有效地完成（图3-24）。

就东梓关村而言，其乡村建设模式的核心是政府主导，并发动村民积极参与，引导村民开发民宿、特色餐饮等产业，同时对村庄产业进行规划设计引导，增加村庄传统文化要素，在增产创收的同时丰富村庄的旅游配套，展现独特的人文因素。例如，东梓关村在进行古村落旅游开发时，就充分发挥了村民示范带动作用。以"示范户"带动乡村建设，当"示范户"率先开展乡村民宿并取得成功后，其他村民开始陆续加入旅游接待行列，并从"示范户"那里学习经验和技术，经过

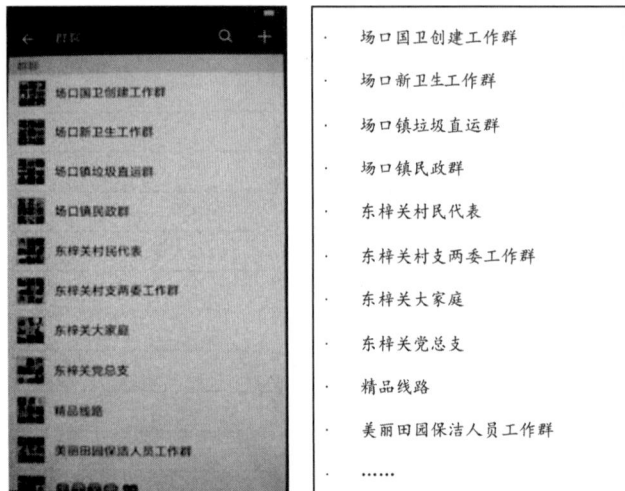

场口国卫创建工作群

场口新卫生工作群

场口镇垃圾直运群

场口镇民政群

东梓关村民代表

东梓关村支两委工作群

东梓关大家庭

东梓关党总支

精品线路

美丽田园保洁人员工作群

……

图3-24　东梓关村工作小组微信截图

短暂的协作磨合后，形成"村民+村民"的乡村旅游开发模式。这种乡村营造模式的文化保留最真实，游客花费也不多，并能体验最原生态的本地习俗和文化，形成了以"农家乐"为主的小规模乡村旅游。

3.政府引导、村民自主：望仙村案例

望仙村属于自然村，隶属大源镇大源村。20世纪90年代初期，曾是富阳首屈一指、远近闻名的小康村。伴随着城镇化进程的快速推进，受地理环境影响及规划控制所限，望仙村已有近20年没有新增土地用于村民建房，村民需求非常迫切。为解决新时期建房难题，2015年初在富阳区政协的指导下，大源镇、村两级对望仙区块进行详细摸底调查，决定以基层协商民主形式启动望仙村"杭派民居"建设，着力破解建房难、住房供需矛盾突出、工程质量监管不力等三大难题。其中，望仙村的杭派民居建设是以村民为主，由村民自发成立了管理小组对整个建设过程进行监督和管理；以区、镇两级政府为辅，镇政府在村庄建设中主要起到承上启下的协调作用，给予村庄建设强而有力的政策与财政支持。

望仙村在"区镇村联动"机制的基础上，在村级管理层面，创新性地成立了村务理事会，对于村庄的每项村务都建立了专项工作小组，包括基层协商民主小组、口粮基金会、老村整治工作组和新区业主委员会。其中，基层协商民主小组加强与政府、设计团队、施工团队、村民等多方的沟通，了解工作中存在的问题和困难，不断探索新的建设模式和工作程序，从而提高建设质量和工作效率，降低了时间成本与制造费用（图3-25）。

基层协商民主小组是由村级组织通过张贴公告、村民自荐、党委审查、公开推选等方式最终产生的，旨在秉着公平、公正、公开的原则，有效率地推进望仙村"杭派民居"工程，主要负责杭派民居建设中的土地承包协调、优惠政策申请、项目建设管理、宅基地安排、项目核算等工作。杭派民居项目资金采取"管用分离、公开公示"的方式科学管理，协商工作组成员不直接接触建房基金，另行邀请9名60岁以上村里的老乡贤组成项目基金会负责基金的管理，使用明细向村民公开公示。在新居建设中期，针对户型设计，设计人员多次到现场查看，并与协商小组成员共同商讨，同时向农户发放近50份调查问卷，了解农户的需求，把农户意愿融入设计中（图3-26）。在项目资金支出上，明确建房资金百分之百由农户自筹，配套设施由区、镇财政共同解决。

随着杭派民居项目的推进，特

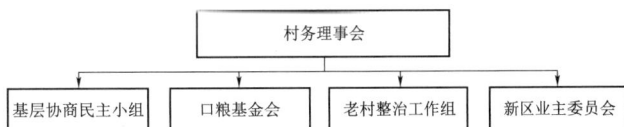

图3-25　望仙村村务理事会组成

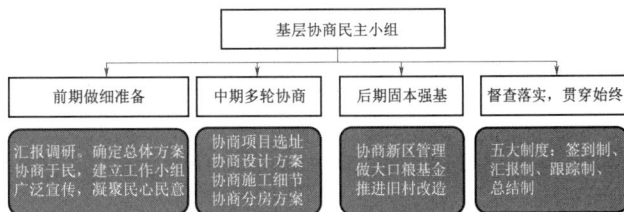

图3-26　望仙村基层协商民主小组工作机制

别是主体房屋建成后，也出现了个别户型设计不合理的现象，如楼梯太过狭小，搬东西上楼不方便。望仙村协商民主小组非常重视，与浙江绿城建筑设计有限公司进行联系，邀请设计人员到现场查看。尽管设计人员认为变大楼梯尺寸会影响房屋空间整体的美观度，但协商小组坚持要以民意为重，以适合住户需求为核心，经过协商决定将连着楼梯的墙体（非承重墙）由24cm改成12cm，以充分满足住户需求（图3-27）。

让村民主动参与是乡村建设顺利开展的造血细胞，也是当前非常有效的乡村建设模式之一。望仙村是以乡贤自治形式产生了一种"政府引导、村民自主建设"的乡村营造方式，其最大优点是尊重群众意愿，充分发挥基层民主积极性（图3-28）。例如，在杭派民居规划设计过程中，按照"专家设计、公开征询、群众讨论"的办法，确保新村规划设计科学合理，达到群众满意。这种自下而上的建设模式不但充分尊重民意，也完全满足了村民日常生产生活的需要与习惯，节约了资源与人力。由此可见，望仙村在建设过程中，始终将培育村民的自主建设、自我管理的意识，作为新时代乡村建设的"灵魂"，突出政府引导、村民自治，注重发挥以村民领导建设小组为主体的基层组织功能作用。

图3-27　望仙村杭派民居建筑户型图

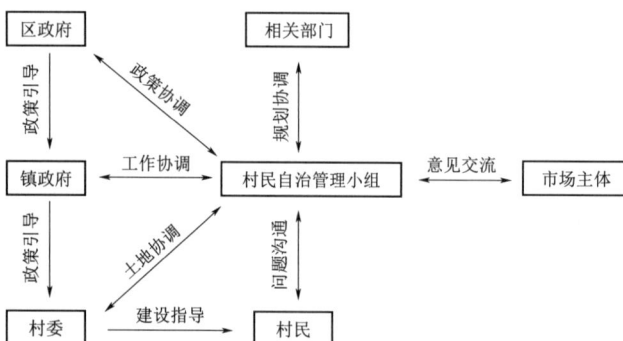

图3-28　村民自治管理示意图

四、文态：传承复兴，挖掘文化资源新特色

富阳拥有源远流长的文化底蕴，其中物质文化以明清古建筑为主，非物质文化主要包括富春江文化、农耕文化以及东吴文化等。富阳于公元前221年置县，古称为富春，至今已有2200多年的历史，富阳孕育出了三国时期的东吴大帝孙权、晚唐著名诗人罗隐、清代父子宰相董诰和董邦达、现代大文豪郁达夫等一批名人雅士。境内有保存完好的明清建筑群、孙权后裔聚居地龙门古镇、黄公望结庐和创作名画的隐居地、周雄孝道文化发祥地等风景名胜。富阳的文化是复合的、多元的，经过历史的沉淀和经济社会的不断发展，深厚的历史文化融合当今的现代文化，使得富阳的文化内涵异常丰富。这些文化相互交叉包容，通过各种文化产品、文化活动以及旅游、工农业生产而展现出来，构成丰富多彩的文化特色资源。

在当前乡村建设中，乡村特色文化逐渐得到重视，特别是对传统文化的传承也都在乡村营造过程中进行了充分展现。在富阳传统建筑修缮和新民居建设中，深入挖掘了乡村的历史文化内涵，全面梳理乡村特色资源，重视对原有乡村空间肌理的保护，充分尊重乡村景观风貌，重视对历史文化村落的保护。在传统文化传承方面，通过开展各类公共活动丰富村民的日常文化生活，积极复兴乡村的传统节日，重视传承《富春山居图》所反映的乡村文化要素（表3-6）。

三个村庄文化资源比较　　　　表3-6

文化资源	文村	东梓关村	望仙村
民俗文化	吕公车子灯、梅花锣鼓、双龙灯舞、山乡节	正月十八、十九演戏、做寿、龙灯、越剧	演戏、龙灯
民间工艺	桑蚕养殖、古民居营造技艺（石头打墙）、竹编、根雕艺术	糕点、手工制糖技术、土烧酒酿造技艺、富阳草纸制造技术	中药膏方技艺、富阳元书纸制造技术
聚落景观	文村洞桥、沈家祠堂、古水渠、民居建筑	张绍富医馆、春和堂药店、越石庙、许家大院、宗祠	许氏宗祠
特色文化	传统浙派民居文化	东梓关"关"文化	造纸、膏方文化

1.地方文化传承

在文化传承方面，富阳乡村通过回购修缮保护原生态的物质和非物质文化遗产，开展各类相关活动对富春山居文化进行弘扬传承。其中，东梓关恢复了官船埠的码头功能，再现"夜泊东梓"的历史场景；重修了越石庙（图3-29），恢复戏台功能，增加村民娱乐活动，弘扬越剧文化；恢复长塘河、冬瓜塘周边的"复大昌"糕饼厂和南货店等老字号店铺，建设历史文化展示馆，向游客充分展示东梓关村的本土文化和乡村演变历程。

地处西部山地丘陵地带的文村引导传统农业文化的发展，根据自然条件种植当地特色农作物种，鼓励村民使用传统风格的家具和生活器具，开展传统农事参与、乡村生活体验等旅游项目，逐步恢复正月十八、十九演戏、做寿、龙灯、山货节等乡村传统节庆活动（图3-30）。同时，针对村内徐家传说、扬名山"八部天子"故事、笔架山、民间手工艺等非物质文化遗产，开展有效的保护性开发与

图3-29　东梓关村越石庙

图3-30　文村民俗节日

挖掘。

望仙村重修了村内的许氏宗祠，发扬传统的宗祠文化，成立了村民自治协商小组，重构传统乡贤士绅文化，建设传统元书纸制作作坊区，恢复村落草纸家庭作坊，展示元书纸的生产过程，并结合非物质文化遗产的保护，培养乡村非物质文化遗产传承人。

富阳乡村承载着富春江的文化记忆，是富春山居文化的特色载体。未来富阳要以《富春山居图》为历史背景和设计主题，将山水意境、人文精神与富春山居文化充分融合，重现一幅现代版"富春山居图"。

2.传统空间保护

在传统特色空间保护方面，富阳借助"三江两岸"工程对富春江沿江风貌进行整治，逐步打造符合富春山居图的沿江风光，传承富春山居图文化和富春江文化。其中，东梓关村是富春江经典山水线路的重要组成部分，也是唯一的传统商贸文化集镇节点，其村庄建设尊重历史文化村落的空间特征，保护各类传统街巷演变肌理，重现沿线树木、古井、围墙、传统路面铺装等历史文化要素。同时，对非传统风貌的街巷，结合村落和建筑的更新改造，以传统街巷风貌特征为参考，逐步优化其功能空间和景观特征（图3-31）。

图3-31　东梓关村、文村传统建筑特色再现

文村的浙派民居建筑空间既延续传统民居的古朴形象，又重塑了工业化时期的农村住宅风格，着力再现传统村落景观风貌的丰富性和多样性，打造出能够体现文化传承的"富春新居"。同时，村庄在建设改造的过程中，尊重传统村落原有空间的历史文脉和肌理，没有采取大拆大建的方式，并对沿村溪流的自然生态景观进行了还原。

与之相比，望仙村按照就地嫁接现代乡村居住功能、异地新建古韵民居的方式传承和发展传统村落。在传统空间保护上，既延续村庄原有的村落肌理、建筑形态、空间构成和院落布局等，又通过新民居设计提升村庄的居住空间和生活功能，并对乡村水系进行梳理，让乡村的生态空间更加优美，村民住得更加舒适，最终形成具有杭派特色的新民居建筑群。

3.特色元素彰显

富阳乡村依托传统文化元素继承，引导新时期文化产品的生产销售、生活服务向专业化、配套化方向发展。在现存的历史文化遗产中，积极开发现代文创业态，通过"老字号"的适度商业化凸显传统文化特色，积极鼓励乡村文创产业发展，从而实现乡村文化的特色彰显。

其中,东梓关村曾经以医而兴,"张绍富医馆"和"许春和大药房"是闻名海内外的传统中医文化。在当前乡村建设过程中,东梓关村重现传统文化招牌,以中医养生为主题,以张氏骨伤科、安雅堂等特色文化资源为基础,以文化、休闲为乡村产业发展方向,积极发展特色化、差异化的富春山居颐养小镇中医养生产业(图3-32)。

图3-32 东梓关村安雅堂

文村借浙派民居的新建筑文化,以新民居建设为契机,积极引入乡村创客、乡村画室、创意工坊、艺术展示、写生基地、酒吧咖啡厅及民宿等改造项目,活化当地文化生态,通过古今文化的对比冲撞,凸显传统乡村历史文化的深厚底蕴,彰显现代乡村文化的活力,进而构建出具有特色的乡村文化环境。

望仙村也正在凭借自身传统文化的基础和优势,以中药膏方为特色文化主题,将文化和产业进行融合发展,以中药材加工、休闲观光、健康养生为乡村发展方向,逐步走出了一条乡村传统特色文化的文创产业之路。

五、生态: 和谐共生, 打造自然生命共同体

在浙派杭派民居营造的过程中,富阳积极探索生态可持续的发展模式。由于政府不可能无上限地持续进行乡村建设投资,必须要探索出成本最小化、效益最大化的乡村建设模式,这也是现代乡村建设面临的一个重要课题。富阳在推进乡村建设的过程中,推崇资源集约的理念,即"山水相映、入乡随俗、就地取材、古韵新居、低碳环保",并由此衍生出关于乡村设计的基本原则。按照就地取材、旧材活用的方式,运用当地传统建筑手法,结合现代建筑加工技术,加以改造使用的做法为村庄的可持续发展提供强劲的推动力。同时,不断创新工作机制,让村民积极参与村庄建设的每个环节,并使用当地工匠作为建筑工人,在一定程度上确保了传统建筑手艺的延续和推广(表3-7)。

浙派杭派民居建设的生态可持续发展模式　　表3-7

村庄名称	文村	东梓关村	望仙村
生态节约	就地取材、旧房改造	就地取材、旧房改造	就地取材、组织创新
就地取材	杭灰石、白色涂料、斩假石、楠竹、黄黏土、柏木	白色涂料、灰面砖	杭灰石、灰色砖、白色涂料、木质门窗
组织创新	区、镇、村三级联动;"组团联村"工作机制	区、镇、村三级联动,专项工作小组	区、镇、村三级联动;村务理事会、基层协商民主小组
旧房改造	改造旧民居房2栋,修缮古建筑	改造修缮39栋房屋	无

续表

成本控制	建筑建造成本3500元/㎡,其中居民支付1500元/㎡,剩余由企业补贴	建筑建造成本1376元/㎡,由村民自筹	建筑建造成本1380元/㎡,由村民自筹

1.就地取材

富阳乡村营造采用了就地取材的方式,其选材的单纯性和对材料智慧的使用具有同自然一样纯美的震撼力。在文村新村建设中,设计师将当地传统民居普遍用到的杭灰石、黄黏土和楠竹都用了新民居上,采用灰、黄、白三色基调,以夯土墙、抹泥墙、杭灰石墙、斩假石的外立面设计,使新村和老村有机融合(图3-33)。新杭派民居的建筑材料均来自富阳区,都是较安全和经济的当地材料,杭灰石来自于洞桥、万市两个乡镇,毛竹取自当地40万亩竹林,夯土样本取自富阳三桥周边,还有一些边角料是从周边缸厂收来,其中一处遮雨长廊的瓦砖墙则直接取材于村里废弃的老建筑。

图3-33 文村建筑材料示意图

所有墙体在混凝土浇筑的基础上,采用传统的"瓦爿"砌筑技术,让错落有致的"瓦爿墙"再次出现在当代建筑中,这也是自然材料与现代技术共存的体现。就地取材的运作模式,使得新村房屋建设成本大大降低,即使建筑中加入了用青色条石垒起的墙体、在粉墙黛瓦中嵌入了实木结构这样较昂贵的工艺,但房屋的建造价格经评估后仍然只需要3500元/m²。通过补贴政策,村民最后只需以1500元/ m²的优惠价格购买。

除了文村之外,在富阳新杭派民居试点村大源镇望仙村、新登镇秉贤村等乡村建设中,均秉承文村就地取材的风格,使用当地安全又经济的建筑材料,使得房屋建设成本大大降低,真正做到惠民优民,践行美丽乡村是为村民而建设的乡村营造理念。

2.旧房新用

相对于民居新建工程,旧房改造在生态节约方面具有诸多优点,如房屋加固改造的施工范围小,施工速度快、工程造价低。同时,建筑物的局部改造可以只针对改造部位进行操作,不会对整个建筑物的使用造成影响,减少了建筑物停止使用所带来的损失。而且,房屋加固改造项目的设计要求更为严格,安全系数也远远大于原有结构的要求,加固部位的强度和安全性都大于相邻结构部件,加固部位会比改造前的承载力更大。房屋加固改造的形式多样,基本可以满足不同结构的不同要求。现有的房屋加固改造技术可以满足建筑结构对于空间的要求,加固后的结构构件截面并未增加多少,减少了空间的占用,提高了空间利用率。

文村的浙派民居建设在建筑改造方面颇有成效。考虑到村庄养蚕、酿酒等传统文化,设计者还为村民设计了地下作坊等空间,大大提高了土地利用率,在节约土地资源方面起到了良好的示范作用。但是,仅仅新建的24户并不能有效地带动整个村庄风貌的提升,为了使老村新村风貌融合与协调,提升村民的居住环境,村委进行了房屋修建改造。例如对于4号建筑的改造,在原屋顶的基础上局部增建瓦披檐和卡普龙披檐,加大出檐深度,局部屋顶翻盖,增设保温层、防水层,增加出檐深度。在原墙面的基础上局部抹泥,底层墙裙用斩假石,同时局部墙体外部用灰色涂料涂刷(图3-34)。

3. 统一建造

为尽可能地实现生态节约、安全和谐的目标,在杭派民居的新村建设中,每个村庄都不约而同地选择了整体打造新村建设方案,通过邀请有情怀、有担当的设计院对新村建设进行统一规划设计,采用招标的方式选择施工单位进行建设施工,这样的整体建造模式具有诸多优势(表3-8)。

从生态节约角度来考虑,整体建造有助于降低建造材料的运输成本,以及建设管理的人工成本。

在环境建设上,深挖村庄传统风貌特色,确定村庄整体景观风貌特征,协调老村与新村的风貌融合,基于村庄现状风貌的研究和分析,形成与自然生态体系、地域历史文化特色相融合的空间形态。

从功能角度出发,单体建造只能解决村民的部分需求,对于公共品的需求难以满足。而整体建造可对村民的各项功能需求进行统筹考虑,对于公共设施如停车场、运动场、村庄景观小品等可进行统一规划设计,用以满足村民的日常生活需求。

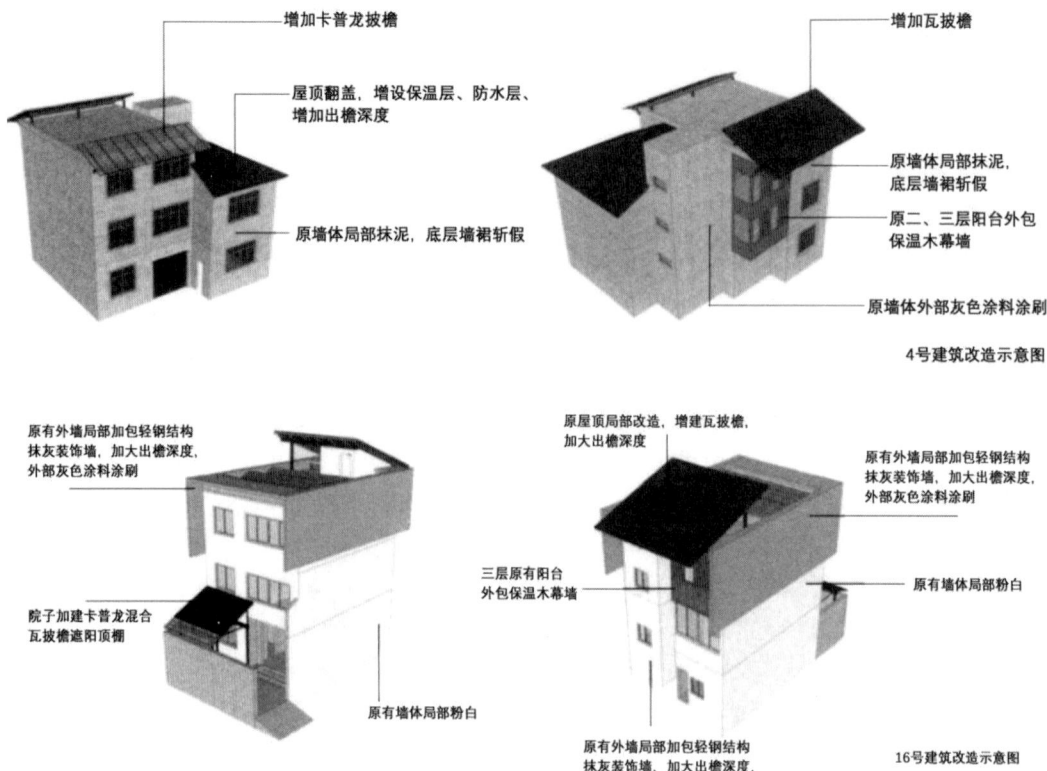

增加卡普龙披檐

屋顶翻盖，增设保温层、防水层、增加出檐深度

原墙体局部抹泥，底层墙裙斩假

增加瓦披檐

原墙体局部抹泥，底层墙裙斩假

原二、三层阳台外包保温木幕墙

原墙体外部灰色涂料涂刷

4号建筑改造示意图

原有外墙局部加包轻钢结构抹灰装饰墙，加大出檐深度，外部灰色涂料涂刷

院子加建卡普龙混合瓦披檐遮阳顶棚

原有墙体局部粉白

原屋顶局部改造，增建瓦披檐，加大出檐深度

原有外墙局部加包轻钢结构抹灰装饰墙，加大出檐深度，外部灰色涂料涂刷

三层原有阳台外包保温木幕墙

原有墙体局部粉白

原有外墙局部加包轻钢结构抹灰装饰墙，加大出檐深度，

16号建筑改造示意图

图3-34　文村建筑改造方案图

单体建造与整体建造特征对比　　　　　　　　　　　　表3-8

	成本	环境	功能	质量	安全
单体建造	建造规模小，建造材料运输均价高，建设管理成本高	只能建设建筑单体周边的环境，不利于村庄风貌协调	只能解决部分需求，对于公共品的需求难以满足	建筑材料的质量难以确保，建设施工的质量难以把控	建设施工过程中人身安全难以保障，建成后的房屋质量安全没有测量验收
整体建造	建造规模大，建造材料运输均价较低，建设管理成本低	确定村庄整体景观风貌特征，协调老村与新村的风貌融合	可对村民各项功能需求进行统一规划，满足不同需求，例如休憩场所、停车场、运动场所等	由村委统一招标，设计方、施工方均为正规企业，房屋质量有保证	工人的人身安全有保障，建成后房屋质量有专门部门验收

　　单体建造的建筑材料由村民自己购买，其质量难以保证，而且农村单体建造的工人一般都没有规范的营业执照，建设施工质量难以把控。而整体建造的设计方、施工方等均为正规企业，房屋建造质量有保障。最重要的一点是单体建造施工过程中工人的人身安全难以得到有效保障，而且建成后的房屋也没有相关部分进行检查验收。负责整体建造的工人均有企业负责购买保险，在施工过程中有任何意外，均有企业为其损失买单，

且建成后的房屋建筑有专门的部门进行验收质量。

4.环境友好

为推进美丽乡村建设，切实提升乡村的生态环境质量与水平，三个村庄形成了以"洁净为先、环境为重，特色为优"的村庄自然生态建设格局，积极创建环境友好型村庄，打造美丽乡村的升级版。

在洁净为先方面，通过保洁制度、人员、经费"三落实"，6小时巡回保洁的长效保洁机制，确保村容村貌干净整洁有序；坚持"分类投放、分类收运、分类利用、分类处理"原则，积极创建村庄生活垃圾减量化、资源化、无害化处理；落实门前三包，强化庭院堆积物清理，广栽花草树木，达到庭院绿化美化要求；按照安全、规范、美观的要求，做好村庄线杆整理。

在环境为重方面，村庄积极进行立面整治，特别是入口、节点处的旧房，采用统一的立面装饰形式，色彩协调，促进老村与新村的风貌融合；对村内的非法广告进行清洁整治，对于标识、路牌、宣传栏等进行统一设计，在实用性和美观性的基础上，积极结合浙派杭派民居特色要素，展现村庄风貌。

在特色为优方面，深挖村庄传统风貌特色，确定村庄整体景观风貌特征，对村庄的建筑风格、田园风光、景观节点等因村制宜进行个性化的打造，形成与自然生态体系、地域历史文化特色相融合的空间形态。例如在文村，新村建筑沿溪而建，延续着古村落独一无二的村庄肌理，使得新旧建筑浑然一体，村庄风貌协调统一；在东梓关村，传统的浙江古民居与新建的杭派民居共存，从富春江畔到新建民居区块，村庄建筑的年龄不断变化，展露了不同的历史风貌，显示了时代的发展轨迹；在望仙村，白墙黑瓦再现了徽派古民居的神韵，入门是院落，花草、蔬菜、水果皆可种于其中。

除此之外，富阳乡村营造示范效应还体现在民居的实用性及美观性的结合之上，在展现浙派杭派民居风貌文化的同时，又符合当地村民生活居住需求，整体上打造了人水相亲、房景相融的江南生态景观。在节能方面，光伏发电以及雨水回收利用等现代绿色能源理念也被融入项目建设之中，有效解决了农户自家供电用水问题并节约了能源。例如，在厢间头地块14幢房屋中，有10幢安装了光伏发电装置。此外，用特殊工艺打造的房屋墙壁，具备保温性、呼吸性等特性，为不同地理位置的农户提供多样性的节能选择。

富阳乡村营造绩效评价

第四章

第四章　富阳乡村营造绩效评价

回顾传统时期的乡村建设,按照社会主义新农村建设要求,虽然在建设要点的规划部署上进行了统筹考虑,已初步显露向"五态兼顾"的发展趋势,然而实践中均等化、无个性的乡建模式导致村庄建设成效略显平淡,难以有亮点凸显。特别是新时期乡村建设开始从上一阶段平面化、无重点的乡建模式中脱离,将发展重心转向从"五态"(形态、业态、社态、文态、生态)的某一方面或多个方面寻求突破,由此脱颖而出一批极具个性的特色村庄,如富阳浙派杭派民居建设。

本章将以文村、东梓关村、望仙村三个浙派杭派民居为例,分别从"形态、生态、社态、业态、文态"五个维度构建评价指标体系,针对富阳乡村营造绩效开展定量化评价,全方位揭示出浙派杭派民居的营造特征与存在问题。在新时代乡村振兴背景下,该类村庄在其建设过程中差异化发展的特征识别,以及如何实现可持续发展的路径探求,将成为本研究探讨的重点问题。

一、数据来源

研究数据主要基于富阳区原规划局、农办提供的相关资料,对洞桥镇、场口镇、大源镇三个镇的规划建设部门进行的座谈访问,以及对文村、东梓关村、望仙村三个村庄开展的实地调研。调研主要分为3个阶段:(1)2018年7月上旬在富阳区规划局工作人员的陪同下,对3个村庄进行了初步的实地踏勘,获得并搜集了相关文件资料,全面地了解村庄规划建设概况。(2)2018年8月上旬,在区规划局的牵头组织下,召集3个镇规划建设单位工作人员开展了座谈会,旨在理解新民居项目的开展情况、现实困境及实施意义。(3)2018年8月中下旬,研究者分别在3个村庄进行了问卷调查及实地访谈。鉴于村庄之间人口规模差距,按比例分别发放了20份、80份、40份村民调查问卷,共计发放问卷140份,回收问卷140份,其中有效问卷112份(表4-1)。此外,根据村庄游客人数差异,分别发放了20份、50份、10份游客问卷,共计发放问卷80份,回收问卷78份,其中有效问卷75份。问卷内容除基本乡村经济社会属性概况外,重点基于乡村建设"五态"塑造(形态、业态、社态、文态、生态),以期获得被调研者对于村庄建设的主观评价与感受。

在走访现场的过程中,与本地村民、本地从业者以及外来游客进行了适时访谈，并特别安排了与村委的面对面访谈，整理文字稿近万字，旨在获取有关本地社会人口结构、产业结构、资本投入、相关政策扶持等方面的数据信息，以及村庄领导者对于村庄未来发展的计划与设想。

村庄问卷调查概况　　表4-1

概况	文村	东梓关村	望仙村
总人口（新居户数）	400人（24户）	1874人（46户）	850人（73户）
村民问卷（新居村民）（份）	20（6）	80（10）	40（14）
游客问卷（份）	20	50	10

二、评价体系

基于"五态"的乡村营造模式评价体系　　表4-2

目标层	项目层	序号	指标层	权重
基于"五态"的富阳乡村营造绩效	形态	1	村庄平面布局、功能植入合理	0.0890
		2	村庄空间尺度适宜	0.0296
		3	村庄新旧村落融合协调	0.0353
		4	新村建筑形态设计创新	0.0870
		5	新村建筑功能植入合理	0.0163
		6	村庄设施良好、出行便利	0.0234
		7	村庄公共空间营造舒适	0.0340
		8	村庄历史建筑保护与利用合理	0.0869
	业态	9	产业结构合理，优势主导产业明显	0.0994
		10	村庄集体经济发展好	0.0312
		11	村民收入水平良好、来源多样	0.0285
		12	产业引进丰富，资本介入多样	0.0446
		13	土地流转及投入使用合理	0.0164
	社态	14	村庄建设居民、游客满意	0.0990
		15	村干部带领群众致富能力强	0.0762
		16	村务公开、民主决策	0.0313
		17	村庄基础设施、景观维护良好	0.0161
	文态	18	人文资源丰富、知名度大	0.0165
		19	人文资源转化、活动组织良好	0.0348
		20	宣传示范、网红效应强	0.0304
	生态	21	村庄自然景观良好	0.0320
		22	景观类型丰富，布局适宜	0.0283
		23	村庄环境卫生良好	0.0138
总计				1.0000

注：富阳乡村营造以"形态"塑造见长但各有特色，在评价体系中有所侧重与细化；另外考虑历史建筑在实际保护利用中对物质形态的影响较大，故将其从"文态"划分至"形态"项目层；在"生态"方面，浙江省实施的"千万工程"使得村庄环境得到全面改善，故在项目层不作过多细分。

本研究基于"五态融合"的乡村建设新目标，采用层次分析法（AHP）

进行研究分析。在项目层确定从"形态、业态、社态、文态、生态"五个方面来构建指标体系，考量评价富阳乡村建设绩效。同时，综合考虑富阳现代版富春山居图乡村建设模式，着重构建"形态、社态"两方面指标，本研究秉持科学性、目的性及实用性原则，共计提出23项具体指标内容（表4-2）。

其中，"形态"方面从有序性、视觉性、功能性及其特性因素去探究富阳乡村的营造模式，"文态"方面从奇特性和引领性去发现乡村文化传承带来的财富价值及新时期"网红村"的市场影响力，"生态"方面从多样性及一般的环境状况去考量村庄环境质量，"业态"方面从活力性去研究村庄产业现状及未来发展趋势，"社态"方面则从认同度、管理治理、支撑力和公平性去剖析村庄长远发展的自身内在组织驱动力。

同时，结合项目研究重点以及专家评定意见，运用德尔菲法利用比率标度技术，采用1~9级的指标比例对各指标的相对重要程度进行判断，构造判断矩阵。利用Matlab软件计算权向量，经一致性检验：CR=0.0270（CR<0.10），即对比矩阵通过一致性检验，通过归一化处理后，获得附有权重的完整评价体系表格。

三、结果分析

综合各项指标权重大小、问卷调查村民对各项指标的主观评价以及访谈、现场调研、文献资料整理总结的客观评价，从而计算出三个典型村

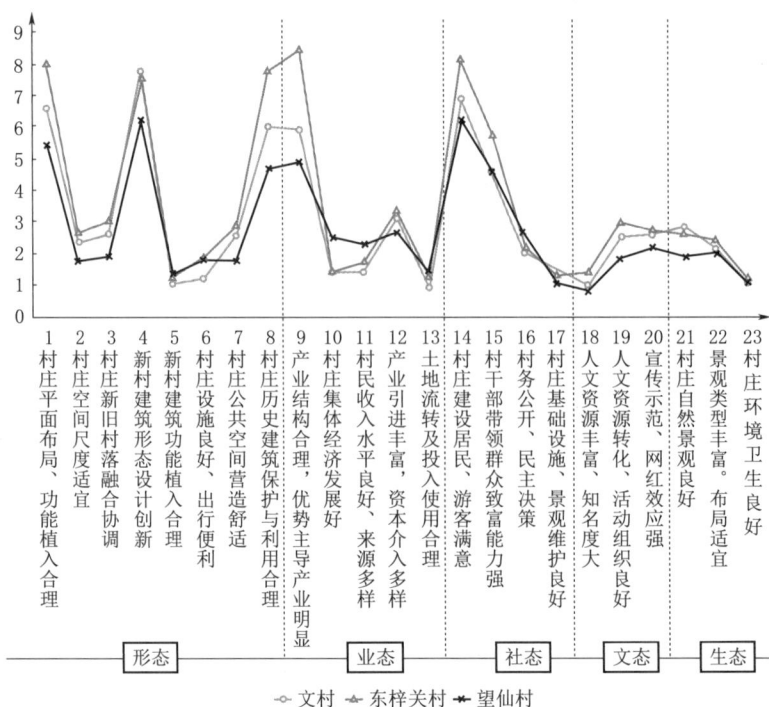

图4-1　分项指标评价结果

庄各项指标的综合得分。其中，东梓关村综合得分最高，为81.49，且"五态"各项得分也均领先于其他两个村；文村仅业态一项得分相较于望仙村低，综合得分为69.85，位居第二；望仙村综合及各项数据均稍有落后（图4-1、图4-2(a)(b)），整体评价结果与村庄注重形态塑造关系紧密。

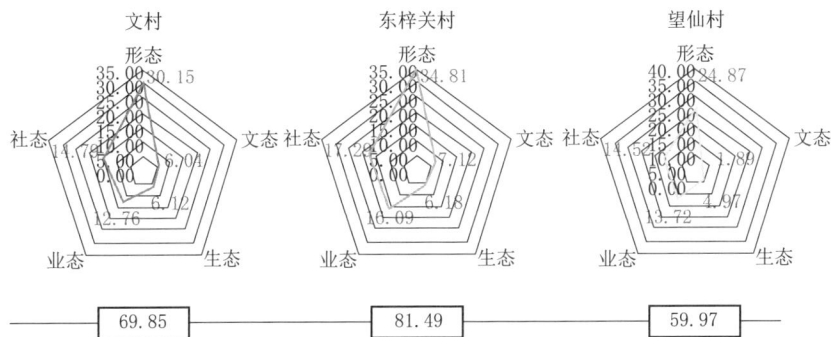

（a）五个项目层得分及综合评分

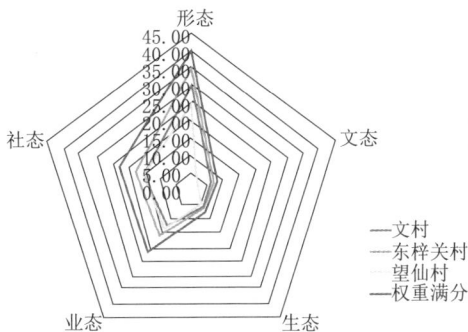

（b）三个村庄项目层得分对比

村名	文村	东梓关村	望仙村
形态	75.09	86.71	61.94
业态	57.97	73.10	62.34
社态	66.44	77.68	65.21
文态	73.97	87.10	23.13
生态	82.41	83.29	66.98

（c）项目层换算百分制得分

图4-2　"五态"项目层评价得分

1. 形态——功能植入整体较好，新旧风貌有待协调

乡村形态建设主要从村居建设维度出发，通常是对村庄物质形态建设的综合反映，其包含空间布局、风貌协调、基础设施、民居建设等方面。告别上阶段乡村过分关注资本进入后的商业化运作态势，将目光转向人居环境的改善，使乡村得以从粗放发展、管理失控的状态中恢复过来。综合"形态"各项指标评定（图4-2(c)），文村平均得分75.09，东梓关村平均得分86.71，望仙村平均得分61.94。

三个村庄"形态"对比　　　　　　　　　　　　　　　　表4-3

形态		文村	东梓关村	望仙村
空间秩序	功能布局	整体较为合理		新村合理，旧村待兴
	空间尺度	单一适宜	错落有致	新村适宜，旧村狭窄
风貌特征	新旧村落	过渡和谐，风貌协调		冲突对比
	新居设计	建筑师色彩浓郁	水墨江南、风格创新	中规中矩

续表

形态		文村	东梓关村	望仙村
功能植入	新居功能	存在不合理	较为合理	十分合理
	设施出行	设施良好，出行不便	设施较好，出行略不便	旧村待更新，出行便利
	公共空间	较为适宜	丰富且适宜	旧村缺少梳理
	历史建筑	丰富，部分保护利用	十分丰富，保护利用合理	稀少，未保护利用

  三个典型村庄的空间秩序塑造有所差异，在有序性的表达上存在较大不同（表4-3、图4-3）。文村、东梓关村通过新村空间肌理的延续，旧村老空间的疏导整理，都在极力促使新生、焕生的物质空间不显得突兀，在处理新村与旧村的形态融合上更为缓和自然。文村尽管空间尺度处理较为适宜，但因其村庄规模以及自然地形等的限制，空间形式显得较为单一。与之相比，东梓关村拥有公共空间、街巷空间、组团空间、院落空间等多类型的交往空间，使得物质空间在节奏感的营造上更为丰富多样、错落有致。而望仙村则显现出了较为仓促的建造方式，新村拔地而起，旧村由于面临可能整体拆迁的情况，在新一轮的建设中未做统筹考虑，因此，就调研现状来看，新村空间有条不紊、尺度适宜，相比之下，旧村杂乱无章、狭窄拥挤，亟须提升。

图4-3 三个村庄空间环境

图4-4 村庄新民居

  村庄风貌特征营造有所不同。文村是文艺野趣的山居；东梓关村则是现代的诗意田居，村庄风貌较为统一协调；而望仙村则将风雅现代与破旧残败置于同一个画面中，表现出较为强烈的冲突碰撞感。在新农居的设计上，文村透露着设计师浓郁的个人色彩使其越发显现出强烈的视觉冲击；东梓关村则将吴冠中手下的水墨江南表现得淋漓尽致；与此相比，望仙村尽管"白墙黑瓦微润，竹楼木门含香"，但仍不免略逊一筹（图4-4）。

  村庄功能植入相对较好。除去望仙村在旧村公共空间营造上的忽视，三个村庄在功能布局上展现出了较高的一致性，在规划建设中对公共空间的实用性、舒适性以及美观性都做了全面的考量，均结合自身自然生态景观、村庄空间布局因地制宜的设计。对于新建民居除了居民反映出来的对于日常生活使用中普遍存在的晾晒、庭院雨水倒灌等问题外，无论从造型和功能上都展现了较好的设计以及建设水准。其中，望仙村作为3.0版的杭派民居试点，在建筑功能植入的合理性上获得较大肯定，尽管其村庄整体资源禀赋不突出，风貌格调缺少个性，但也恰巧因此使得中规中矩、不显突兀却又符合杭派民居特质的村居在实际推广使用中具有更强的可操作性和普适性。此外，对于基础设施的配备也已在过去的村庄建设中不断得到完善和治理。

村庄在历史古建保护与利用上，因自身资源禀赋的差异而各有不同（图4-5）。文村拥有24幢历史建筑，目前8幢已完成整治，多为民宿用途。与之相比，东梓关村自身历史建筑遗存丰富，且建筑还掺带着些许人文气息，在古建筑的保护和利用上表现得积极主动，100余幢历史建筑中17幢已经完成整治修缮工作，多数已

图4-5　历史建筑保护利用

投入商业运营、参观宣传使用。而望仙村属于典型的镇边村，则显得较为平庸，古建数量稀少，传统风貌不够统一。

三个村庄在新民居嫁接现代建筑功能方面都十分成功，而在空间秩序、风貌特色等方面仍有提升的空间。其中望仙村亟须对旧村作出规划实施，由于对旧村形态营造的忽视，直接导致了整体美感、功能的缺失和不协调，以及对传统建筑保护利用的忽视。

2.业态——经济收入亟须提高，新兴产业有待培育

乡村产业发展是基于经济维度，对村庄发展财政支撑力的反映，其包含集体经济、居民收入以及产业结构等方面。综合"业态"各项指标评定（图4-2(c)），文村平均得分57.97，东梓关村平均得分73.10，望仙村平均得分62.34。

三个村庄"业态"对比　　　　　　　　　表4-4

业态		文村	东梓关村	望仙村
产业活力	旧产业	养蚕、旅游、民宿	规模种植、红糖加工、生产工厂、中医康养、旅游	电梯加工等工厂
	新产业	旅游、民宿、养蚕	规模种植、旅游、中医康养、民宿、餐饮	旅游、民宿
	集体经济	10万元左右		100万元
	收入水平	来源多样，收入较少	来源多样，收入一般	来源单一，收入较好
产业支撑	产业引进	众安集团：乡村度假群落、艺居田园特色小镇	开元集团：文旅休闲度假颐养小镇和精品民宿	暂无
	土地流转	10%，企业开发	40%~50%，作企业开发+农业承包	全部流转，农业承包+分给村民

村庄收入水平、产业结构有所差异。文村、东梓关村积极转变发展思路，引进发展休闲观光、餐饮民宿等产业（表4-4、图4-6）。其中，东梓关村"网红效应"显著，文化、观光、农业资源丰富，三产发展势头较好，实际转化为经济收入的部分主要为依靠私人小家小户经营的餐馆和民宿。另外，规模化养殖种植、进水器阀门以及农用具加工厂等二产企业虽然接纳了一部分村庄人口就业，但还是难以在短时间内改变居民收入不高的现状。文村受区位条件影响较大，传统工业零散布局、难成规模，目前仍以农业为主，民宿经济虽有潜力但还有待挖掘。就村庄集体经济来看，东梓关村和文村年均收入均不足10万元，基本依靠上级政府补贴来维持村庄基础设施运维。望仙村凭借20世纪80年代起生产、经营和发展的钢拉门、卷闸门产业，村庄集体经济达到100万元，且村民个体经济也收获较好，但其现代农业和特色乡村产业发展不足。

图4-6　村庄产业发展

在产业引进方面，文村、东梓关村已经在积极洽谈企业社会资本入驻。以众安集团为代表的企业进驻文村积极推动民宿产业，以"艺术旅居"品牌形象将文村包装打造成为国内精品民宿群落典范。目前，在九栋新农居基础上打造的民宿——"云忆·文邨居"已正式对外开放营业。以开元集团为代表的企业也已积极投入到东梓关的产业运营中，以富春山水为灵魂，以古村落为核心，以休闲度假中医养生为依托，开元集团正在积极建设文旅休闲度假颐养小镇。目前，东梓关文化主题公园、游客接待中心、江心一条街以及300多亩的甘蔗产业园等项目正在有序建设实施中。企业利用乡村资源在实现商业性盈利的同时，也为村庄创造了大量就业岗位，带动设施更新，增加收入来源，提高收入水平，同时也解决了房屋闲置等问题。此外，面对不断多样化的社会资本介入，在土地流转的产业支撑上，文村仍要加快土地流转进度，而望仙村虽已经全部完成土地流转，但是土地闲置情况严重，应当尽快规划产业布局。

三个村庄收入水平差距较大，文村、东梓关村亟须实现产业创收，提高集体经济和村民收入水平，实现村庄富裕。而在产业结构方面，三者都亟须实现产业转型升级，同时重视一产的生存发展，以实现乡村一二三产业融合发展。

3.社态——社会认同相对较好，基层领导力有待增强

乡村社态发展是基于治理维度，对村庄组织运作、社会生活的反映，其包含社会认同、管理维护、社会公平等方面。综合"业态"各项指标评定（图4-2(c)），文村平均得分66.44，东梓关村平均得分77.68，望仙村平均得

分65.21。

三个村庄 "社态" 对比 表4-5

社态		文村	东梓关村	望仙村
社会认同	村民满意度			
	游客满意度			
管理治理	村干部领导力	尚可	较强	较强
	公开决策新民居	政府主导、企业协同	政府主导、村民参与	政府引导、村民自主
	设施景观	维护较好		旧村疏于维护

村庄社会认同度存在差异（表4-5）。文村村民满意度和游客满意度持平，新旧村庄融合度较好。其中村民满意度50.00%，不满意度18.75%，认为幼儿园、卫生医疗等设施服务有待增加，部分设施的配备分布、农居新建组织均需强化；游客满意度为55.56%，不满意度为16.67%，村庄提升意见基本围绕在服务娱乐设施的完善上。

东梓关村村民满意度和游客满意度均较高，新旧村庄交流和谐。其中村民满意度为87.50%，不满意度仅为3.13%，村庄提升意见主要在幼儿园、体育建设等设施进一步的完善以及村庄治理的民主性上；游客满意度为85.11%，不满意度仅为2.13%，村庄提升意见类似文村。

望仙村尽管在民居试点工作的推进中所采取的民主性决策展现了强大的工作行动能力，但鉴于老村可能面临的整体拆迁这一不确定因素，导致其未做出旧村整治的决策，在目前阶段使得老村居民迫切渴望得到更多的新建民居政策惠及，这在一定程度上也导致新村与旧村相互融合度不高，村民认为现存问题主要集中在旧村村中。此外村庄缺乏三产产业也使得参观游客的满意度保持在50.00%，但因其靠近镇区，因此，这些业态上的缺失也得到了部分弥补，不满意度仅为20.00%。

村庄管控治理有待提升。在村领导领导能力体现上，文村、东梓关村现状集体经济收入不高，但村委围绕高附加值非农产业正在积极洽谈企业投资入驻，并对继续优化支持发展传统农业或将其升级为都市非农业等方面开始有所思考；望仙村目前对于产业引进还未全面考虑，但其在"杭派民居"试点工作上的组织配合、民居决策能力在未来地方民居建设工作的推进上具有较高的可借鉴性（图4-7）。在景观、基础设施后续维护方面除去望仙村对于旧村稍有忽视外，现阶段情况尚好。在财政投入支撑力上，上级政府对三个村庄的拨款存在一定的差异。与此同时，面对不断多样化的社会资本介入，三个村庄在土地流转进度以及已经流转的土地产业安排上还有待积极主动的考虑。此外，在村庄公共服务的配置上，都较为完善。

图4-7 望仙村基层协商民主模式

　　三个典型村庄对外仍要完善旅游服务、餐饮娱乐等设施的布局，对内要健全文化、教育、体育等设施的配备，提高游客、村民满意度。而在村庄的管控治理上，村集体领导仍须发挥带头致富作用，在社会经济等深层上挖掘长效动力，探索乡村自身造血路径。

4.文态——文教宣传普遍较好，资源保有利用差异较大

　　乡村文态建设主要是基于历史人文维度，对乡村历史文化遗存保护发展及乡土文化保护发展的反映。综合"文态"各项指标评定（图4-2(c)），文村平均得分73.97，东梓关村平均得分87.10，望仙村平均得分23.13。

三个村庄"文态"对比　　　　　　　　　　　　　　　　　　　　　　　　　　表4-6

文态		文村	东梓关村	望仙村
历史人文	资源基数	资源丰富、无知名度	资源丰富，一定知名度	资源缺乏
	资源转化	传承建筑工艺、恢复节庆活动	修复码头、戏台和老字号店铺，弘扬越剧、中医	发扬宗祠文化

受先天条件所限,三个村庄的历史人文存在差异(表4-6)。文村虽然也拥有一定历史文化基础,但是缺乏对乡土文化资源的保护转化利用思路,仍需要大力加强和发展;东梓关村列入了第四批中国传统村落名录、是浙江省重点文化古村落、浙江省千年古村,拥有丰富的历史人文遗存,并在历史文化村落保护和美丽乡村精品村建设、小城镇综合环境整治等一系列建设工程中注重对人文资源的转化传承(图4-8);而望仙村则在文态上显露出一定的疲态。

村庄文教宣传相对较好。依托"浙派民居""杭派民居"试点工程,借助互联网微信平台、政府宣传、企业营销等方式,三个村庄在新媒体时代已收获了知名度。其中,东梓关村和文村在长三角地区乃至全国都拥有大量的传播热度,成为远近闻名的"网红村",每逢节假日村庄游客数量众多。东梓关村

图4-8　村庄文化传承

因央视新闻、Discovery等国内外大量媒体的报道和专业奖项的加持,获得了大量社会关注和旅游人气,经济效应持续扩大,"网红效应"显著。而对于文村,这种关注通常来源于建筑设计师自身魅力,如探究普利兹克建筑奖获得者王澍之于建筑比探究建筑本身更易引起人们的兴趣。

三个村庄的文教宣传均较为成功,起到了良好的宣传示范作用。但在历史人文资源的转化利用上,却存在较大的差异,资源较为丰富的东梓关村,传承保护工作充分落实,资源转换效率较高;资源相对匮乏的望仙村,受制于靠近镇区的区位条件,传统风貌受到破坏较早,致使文态得分不高。

5.生态——污染治理较有成效,新居环境有待提升

乡村生态建设实质是立足于景观维度,对乡村自然山水环境、人工建造环境和人居生活环境状况的反映,其通常包含景观风貌的多样性和基本污染治理的环境状况等方面。综合"生态"各项指标评定(图4-2(c)),文村平均得分82.41,东梓关村平均得分83.29,望仙村平均得分66.98,整体水平较高,且乡村差异较小。

三个村庄"生态"对比　　　　　　　　　　　　　　　　　　　　　　表4-7

生态		文村	东梓关	望仙村
环境景观	自然景观	依山傍水,景观较好	富春江畔,景观较好	景观一般
	人工景观	类型较为单一	类型丰富多样、品质较好	新村类型丰富多样、品质较好
污染治理	环境卫生	设施齐全,整洁干净		新村整洁干净,旧村有待改进

景观环境存在差异(表4-7、图4-9)。文村依山而建,逐水而居的山水

自然条件为其生态空间加分不少,但村庄除去原有自然生长植被外忽略了在新居建设中系统化的绿化设计。东梓关村位于富春江南畔,自然景观较好,水体、植被的运用较为丰富,但其村庄绿化覆盖较低,尤其是在新村环境设计中,硬质铺地应用过多,既影响视觉效果的美观性也降低了公共空间的品质。

望仙村尽管自身自然禀赋条件一般,不过抛开对于旧村的疏于整理而致使整体生态环境品质不佳的现实局限因素,其在新村设计中兼顾了绿化空间的扩大与串联,整个新村环境景观类型丰富多样,景观风貌品质和谐宜人。

污染治理整体较好。三个村庄对于生活生产垃圾、污水等处理,除去望仙村仍需要针对旧村部分改进整理外,都已基本实现全覆盖,环境卫生、污染治理效果显著。

图4-9　村庄景观环境

三个村庄在污染治理方面都很有成效。但在景观环境的塑造上,东梓关村和文村的新居建设中的景观设计、绿化覆盖未得到系统化的处理,相比之下,望仙村新村整体景观系统处理较好。

四、小结与启示

针对上述三个典型村庄,立足于"五态融合"视角,对比分析其发展过程中的特征差异发现:(1)文村:形态审美主义建设典型。依山而建,傍水而居,黄墙黛瓦,错落有致,文村是将"形态"的塑造做到了极致的典型,然而,就是这样透露着设计师浓郁风格的物质空间设计,在村庄统筹发展、功能实用以及造价成本上饱受诟病。(2)望仙村:基层民主决策典范。望仙村在新民居试点推进过程中,完美的破解了建房难、建房矛盾突出、工程质量监管不力等三大难题。然而,从村庄的长远发展来看,"社态"的效力仅仅体现在民主决策上仍显不够,还需对村庄未来发展多加引导。(3)东梓关村:"五态"融合模式先行样板。村庄发展以"形态"空间的走红为契机,在村庄建设中重视集体决策,开展了文化传承保护、历史建筑改造,利用富春江景观资源和村庄内绿化水系营造美丽人居环境,并通过"互联网+文化旅游"的外生经济发展模式吸引外来人群进入村庄,促使"业态"不断融合提升,但视觉景观消费在转化为乡村美丽经济的过程中仍然难获充分成效。

通过以上研究解析乡村建设的"五态"关系,可以认为:形态是基础,社态是关键,文态是基因,生态是基底,业态是根本。基于乡村振兴动力学角度,本研究提出乡村全面振兴的"五态融合"四棱锥模式(图4-10)。

第一,"网红村"长效可行的发展路径应以"形态"空间的地域性、风格化营造设计为基础,但设计师须适度克制自我表达下的形式主义追求,要站在多元利益主体的视角下,将更多的话语权留给村民和社会,以获得更多、更长远的正面社会效应(图4-11)。

第二,把"社态"的治理管控和民主决策作为整体抓手,重在激活村庄内在发展活力,以乡村共治和乡村共理共同培育乡村治理内生动力,打造乡村生命共同体。

第三,进一步实现"文态"的保护利用和"生态"的修复构建,以及刺激"形态"空间的再塑造,在实现人居空间优美、历史人文传承以及山水自然和谐的基础上,积极还原、保留乡村原真性的生活、生产空间,乡村依旧是村民日常生活、农业劳动以及谋求福祉的场所。

第四,寻求新生艺术创作空间介入乡村营造过程,以景色秀丽的自然生态以及带有情怀的文化工坊吸引艺术家与创作者,让饱含时代印记和地域风格的文化特色与当代的艺术灵魂碰撞。

第五,继续优化完善乡村的旅游服务设施空间,实现视觉消费的实际经济转化。新时代乡村的现代农业、文创产业和旅游产业将共同促使"业态"经济不断转型升级,同时,大量的经济产出也将成为乡村空间塑造的资本投入来源。人与空间的和谐共生,空间与经济循环共赢,从而实现乡村的持续有机生长和全面振兴。

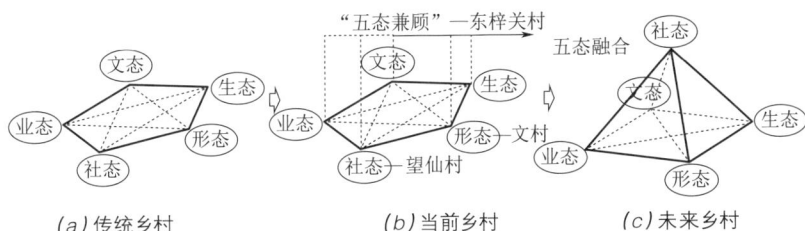

图4-10 "五态融合"模式

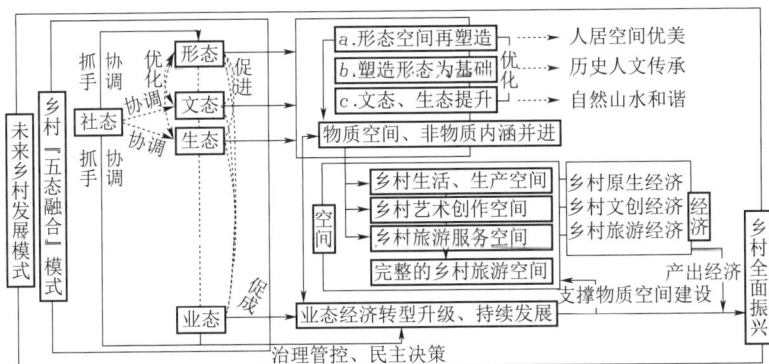

图4-11 "五态融合"发展路径

富阳乡村营造设计实践

第五章

第五章　富阳乡村营造设计实践

一、洞桥镇文村——文脉延续，留住乡愁

项目位置：浙江省杭州市富阳区洞桥镇文村
设计单位：业余建筑工作室
主持设计：王澍
建设时间：2014年
摄　　影：由沈虹、吴昱提供

（一）项目概况

1.村庄概况

文村已有900多年历史，全村共有13个自然村、32个村民小组、570户人家，总人口为1850余人，由文村和巨龙两村合并而成。全村有山林面积17654亩、耕地总面积2287亩，森林覆盖率达90%以上。全村四面环山，依山而建；错落有致，层次丰富；环境幽静，民风淳朴；历史悠久，资源丰富。有古民居40幢，大多数建于明代、清代、民国三个时期。境内拥有徐家传说、扬名山"八部天子"故事、笔架山、民间手工艺等非物质文化遗产，文村十景、天井山、洞顶泉、巨龙林场、天井生态农庄等特色景观资源。

2.试点概况

2014年6月，文村凭借相对独立的空间整体和相对完整的乡土生态结构，被确定为新型城市化背景下美丽宜居村庄建设省级综合试点。整个试点项目主要涉及3项建设内容：一是新区块新农居建设；二是老村整治改造；三是沿路沿线环境综合整治提升。总投资5000万元，共分两期实施。

目前，项目已完成一期老村上村区块改造和新区建设，新区区块用地面积为6050m²（约9亩），共新建房屋14幢24户、拆建8幢、外立面整治10幢，古民居收购及修缮6幢。其中8户用于老村中拆建或待拆的村民进行住宅替换，其余16户新住宅和老区区块4幢房屋用于打造高端民宿。

图5-1　文村鸟瞰

（二）设计过程

试点项目由中国美术学院王澍教授亲自操刀设计，以中医调理的方式通过就地嫁接现代居住功能、异地新建古民居来复活、传承、发展浙西文化古村落。

1.新民居建设

在村庄整体布局上，根据地势走向及周边景观视线，朝向均为正南偏西，每户落地面积都控制在120m²左右，建筑面积为200~250m²之间。每个建筑都是采用了不同的户型设计，没有一幢是重复的；同时考虑到农户的日常生产需要，部分房屋一层设置为工作间，用于农户开设加工作坊等生产活动场所。

图5-2　文村新民居全景

在建筑取材上，运用当地传统的清水混凝土、杭灰石、黄泥夯土、抹泥、白墙等建筑手法，呈现出明显的外观差异。同时也融入光伏发电、雨水回收等现代居住需求。在节约土地资源上，此地块原来是村里用来做普通农居点的，原计划安置14户农户；试点项目落户文村后，地块被设计安置了24户，比原来多安置了10户人家，大大提高了土地利用率。

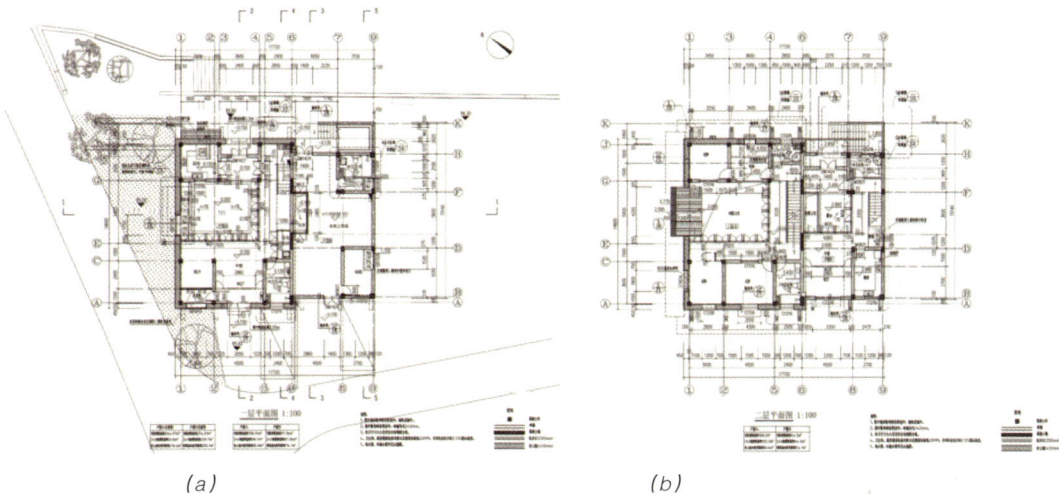

(a)　　　　　　(b)

图5-3　文村新民居建筑户型图

2.新民居环境设计

溪边通道栏杆采用混凝土、竹子和垒石三种不同结构，一方面是为了促进景观的多样性，另一方面也是为了给后续的溪堤建设起到一个示范作用，沿着这条溪流，上下两边做好围栏，既美观又保障了群众出行安全。同时设计师秉持自然生态的循环发展原则，改变原先村庄建设中用小方块砌溪坎的方式，采用石头砌坎，在考虑防洪的前提下，又利于生态，比如溪涧里的石斑鱼，洪水来的时候就可以躲在石头缝里，而不会因为没处躲藏被冲走。

图5-4 文村新民居建筑

图5-5 文村新民居空间环境

图5-6 文村旧村老建筑

图5-7 文村新旧村全貌

3.老民居建筑改造

老村主要有3个时期的建筑，明清古建筑、新中国成立后兴建建筑和当代砖混建筑。针对不同的建筑类型主要进行了两个方面的改造整治。第一个是房屋新建，将原先不符合村庄肌理、影响整体效果的房屋拆除，按照新区的风格进行新建，保持了建筑风格上的延续性。第二个是立面改造，对部分破败的、造成视觉污染的房屋外墙进行改造，利用屋顶改造、抹泥等多种手法，将外立面改造成与整体协调的风格，同时又不破坏房屋原本构造。

4.老民居环境综合整治

首先是新建沿溪的栏杆，原来沿溪都是没有防护栏杆的，存在比较大的安全隐患，按照新区的建造方法，安装栏杆后解决了现存的安全问题。其次是小品的设计建设，为了完善老村的生活功能，采用自然材料，新建了3个开放式的场所，为村民提供休息、聊天的场所。再次是对全村的明沟暗渠进行了清淤疏通，恢复村落原有的水流体系，同时也对老村的线路进行了梳理改造，进行三线落地。同时结合村内整体效果，与原有石材遥相呼应，对村内原有的小弄堂用青石板和鹅

卵石进行重新铺装。

小结：文村是建筑师王澍开展"乡村城市化"的一个社会实验地，14幢透露着浓郁文艺气质的新农居依山而建、临水而栖，新建新村、改造整治旧村，也使得新老村实现和谐共生。同时，村庄在规划设计中注重挖掘本土文化、就地取材，黄色厚重的夯土墙体、灰调的杭灰石加上砖瓦和木料点缀，为文村在如今的新媒体传播时代赚足了社会各界的眼球。而恰恰也是因为这种对于建筑大费笔墨设计的形态主义追求，将村庄以及设计师置于社会的讨论中。尽管文村已经在开展民宿产业，但其面临着设施配备不足、留不住游客等诸多问题，使得乡村的美丽经济一时难以实现高效、快速的转化。由此可见，村庄仅仅变美是远远不够的，如何让开始变美的乡村真正实现经济转型和全面振兴才是关键。

二、场口镇东梓关村——新旧融合，激活乡村

项目位置：浙江省杭州市富阳区场口镇东梓关村
设计单位：gad(绿城设计)
主持设计：孟凡浩
建设时间：2014年
摄　　影：由孟凡浩、朱啸尘、杨平儿、gad(绿城设计)提供

（一）项目概况

1.村庄概况

东梓关村位于富阳场口镇西部，总面积2.77km²，全村有600多户，1800余人，村庄历史已有1500多年，是中国第四批传统村落、浙江省重点文化古村落、浙江省千年古村。东梓关村地理位置优越，自古以来就是古杭徽水道上的重要关口，也是富春江上的重要水上关隘，村名中的"关"字就得名于此。东梓关村的历史渊源也很悠久，东梓关村在历史上有记载的建制沿革始于南北朝时期，村庄历史已有1500多年，是名副其实的千年古村。东梓关村内遗存有清末民初建筑百余幢，也有"官船埠""越石庙"、古驿道等保存完好的古迹多处，还有郁达夫小说《东梓关》中提到的"许家大院""春和堂"药房以及著名骨伤科老中医张绍富先生创立的"东梓关"骨伤科医院旧址。

2.试点概况

东梓关村是杭州市首批"新杭派民居"示范点，项目占地25亩，总投资4000万元，分两期建设。一期共有4种户型，拼合成12栋楼，共46户，经验收后已全部交付农户，部分已装修入住；二期新建村民活动中心已完工。"新杭派民居"既延续东梓关古朴形象，又改变农村传统住宅形成体系化风格，着力再现传统村落的丰富性和多样性，是一处"山水相映、入乡随俗、就地取材、低碳环保的古韵新居"，使东梓关村成为一道看得见、记得

图5-8 东梓关村新民居

图5-9 东梓关新民居鸟瞰

图5-10 东梓关村庄全貌

住的靓丽风景。2017年10月，东梓关村成功创建3A级乡村风景村落，年总游客量超过10万人。央视2套、10套等中央级媒体宣传报道10余次，省市级媒体报道30余次。

（二）设计过程

1.总平面布局

设计摒弃传统的兵营式布局，每栋楼之间互相组合又互相错动，形成一种生动又能够自然生长的布局形式，希望以这种全新的形式打造出具有传统布局肌理的新杭派民居。总图布局尽可能地满足居住建筑的要求，同时日照条件也十分优越。

2.交通组织

人行主入口位于基地北侧中部开口处，贴着现状道路并设置入口广场，从广场进入基地后自由组织人行道保证每一户能够前院后院入户。基地共设两个机动车出入口，一个位于东侧沿现状小河边；另一个位于卫生服务站西侧。现状留有一个缺口可布置车行入口，从这个入口进入布置一条横穿基地的道路，串联东西两块区域中心分别设置的两个公共停车场，最后沿着小河西侧的道路连接到外部现状道路，同时在基地南面外围布置一条车行道路，让每一户都可以在一定步行半径内连接到车行道路。整个基地共设置了3个公共停车场，共48个停车位，每户设置两个电动自行车位，以满足当前人们的交通需求。交通组织方式在充分尊重人行空间的前提下最大限度的考虑车行进入以及组织停车，以保证整个基地建成之后形成一个具有传统尺度空间的杭派民居。

3.建筑设计

以传统语言的现代转化、工业化建造的乡土表达作为设计导则，采用实地调研、座谈、测绘的工作方式切入设计，掌握第一手资料。规划上通过四种基本单元的组合再现传统村落的丰富性和多样性，植入老房子和公共空间唤起回忆，实现人文关怀。

设计从基本单元入手,将宅基地轮廓边界与院落整合同步考虑,在总占地面积不超标准的前提下,确定了小开间大进深和小进深大开间两种形态的基本单元,然后由两个基本单元演变出四种基本形体类型,进而通过院落组织方式形成一个富有变化层次的规模组团,每个组团都有自己的中心,组团的有序生长形成有机多样的聚落形态,这种单元生长成聚落的模式也为未来的推广提供了较强的可操作性。

平面功能空间充分尊重农民生活方式,尽可能贴合真实需求。在走访调研中,设计师们发现多数农民仍保留着在院子中洗衣服、用土灶做饭的生活方式,因此坚持用设计解决农民的实际问题,而不是将建筑师比较自我的想法强加于使用者,尊重居民的生活方式,创造适合他们饮食起居的生活空间。在设计过程中与农民进行多次面对面的交流,并根据各户家庭人员构成、年龄结构等实际问题沟通和问卷调查,试图找出大家的共性要求。例如,在设计中遵循了当地堂屋坐北朝南,院落由南边进入的习俗。对后院洗衣池、电瓶车位、农具间、空调设备平台、太阳能热水器、堂屋、杂物间等实用功能一一考虑。

传统建筑群体组合中的内向布局形式被保留,外实内虚,以实墙围合界定公与私,朝向院落的界面以半虚及玻璃为主,既能保证采光需要,又能形成内向感。在形式语言方面,传统江南民居的特点不仅仅是木板墙、石库门、人字坡等符号,更有魅力的是粉墙黛瓦,雅

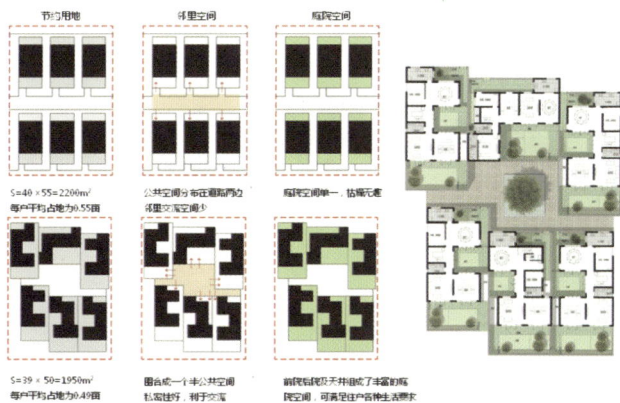

图5-11　东梓关村新民居组团组织

图5-12　东梓关村新民居庭院空间

图5-13　东梓关村新民居表达形式

致色调背后散发出的那种温婉内敛的气质，如同吴冠中先生的水彩，微曲而优雅的屋顶线条与实墙，在抽象中渲染出江南人家的隽秀。

小结：东梓关村是富阳乡村实现"五态融合"的初步尝试。村庄在规划设计中竭力避免城市对传统村落肌理的侵袭，积极寻求乡村的原真性，以现代的形式表现传达传统元素的语言内涵，用当代的建造工艺实现地域性的风格演绎。东梓关村新民居非常吻合吴冠中笔下所描绘的粉墙黛瓦、水墨江南的乡村意境，在互联网时代里被编辑成具有强烈视觉影响力的照片、影像，从而得到迅速的传播，也由此成为全国"网红村"。东梓关村通过民居建设、小城镇整治等项目工程，在"形态"上完成村庄人居环境改善，利用空间重塑实现了"网红效应"，为后续村庄在文态、社态和生态上的体系优化和模式探索奠定了坚实的物质基础，进而带动产业发展，引发新时代"美丽经济"。

三、大源镇望仙村——民主协商，生态集约

项目位置：浙江省杭州市富阳区大源镇望仙村

设计单位：gad(绿城设计)

建设时间：2015年

摄　　影：由gad(绿城设计)提供

（一）项目概况

1.村庄概况

望仙村位于富春江南岸，杭千高速公路穿村而过，交通十分便捷。望仙村自然村隶属大源镇大源村，有农户234户，人口850人。村民大多从事金属门窗加工行业，20世纪90年代初期，曾是富阳县首屈一指、远近闻名的小康村。伴随着城镇化进程，受地理环境影响、历史遗留问题、利益冲突、土地要素制约及规划控制所限，望仙自然村已有近20年没有新增土地用于村民建房，村民需求迫切。

2.试点概况

2014年9月富阳区政府望仙村农民建房项目申报列入杭州市杭派民居建设项目，2015年7月杭州市政府批准该项目启动，2015年9月该项目正式动工。在整个项目实施过程中，该村紧紧围绕习近平总书记提出的

图5-14　望仙村新民居效果图

"有事多商量、遇事多商量、做事多商量"的协商民主要求进行项目管理。该项目以古韵、优雅、精致、现代、宜居为当代民居新要求,兼顾田园风光、乡土气息、水乡味道,按新江南民居的风格创新设计,具有鲜明的浙江特色和现代气派。重现华夏粉墙黛瓦之大美新中式建筑。项目占地40亩,总建筑面积23000m²,共73户,做到六线入地,车不进户。

图5-15　望仙村新民居鸟瞰效果

(二)设计过程

1.新民居建设

在村庄整体布局上,将数幢民居空间围合形成组团式布局,以水系为界,人水相亲,房景相融,布局错落有致。同时遵循以人为本、步行优先的原则设计村庄道路,由此也节约了较多的空间面积以提供给组团、院落。此外,村口节点、村民广场、绿化等配套项目一应俱全,以满足村民日常生产生活所需。

传统聚落丰富形式的背后具有相似的空间原形,绿城试图从类型学的思考角度抽象共性特点,还原空间原形,尝试以较少的基本单元通过组织规则实现多样性的聚落形态。在组团设计上,望仙村尝试将建筑及院落边界通过横向、竖向组合形成基本民居单元,并通过组织规划以3~6个单元为一个组团布局。关注本地居民内心所固有的对邻里交往、集体凝聚力的诉求,在更加节约用地的同时也塑造出更为丰富、私密且可供交流的邻里空间。

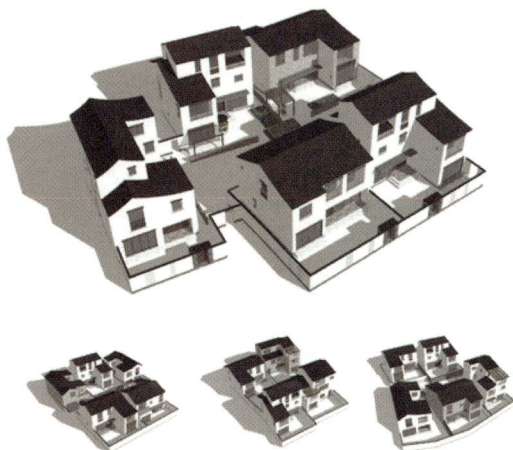

图5-16　望仙村新民居组团组织

在建筑单体设计上,白墙黑瓦微润,竹棂木门含香;人字梁、戗板墙,寄情山水、天人合一。望仙村"杭派民居"新民居点,位于原老村东侧,远远看去,白墙黑瓦再现了徽派古民居的神韵,走近一看,又充满着现代实用的设计,集古韵、优雅、精致、现代、宜居于一身。两层半的小楼,入门

图5-17　望仙村新民居建筑

图5-18　望仙村新民居建筑

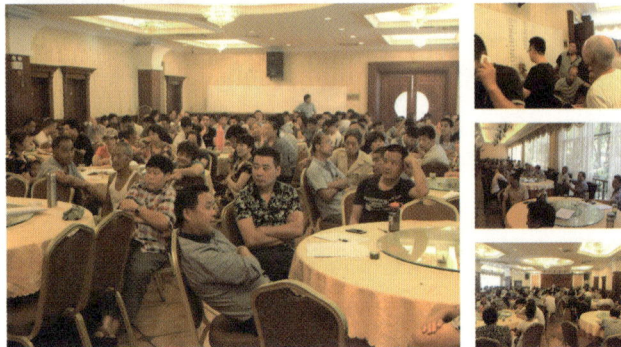

图5-19　望仙村协商项目选址

是院落，花草、蔬菜、水果皆可种植；屋内有5个房间，对于农村家庭五六口人，绰绰有余；后院可存放农具，亦可洗洗刷刷。在建筑取材上，运用当地传统建筑手法，选用商品化的材料和砖混结构，从而降低造价，为其实现民居建设的先行示范和经验推广提供了可能性。

2. 基层民主协商

为解决建房难题，2015年初在富阳区政协指导下，大源镇、村两级对望仙村区块进行详细调查摸底后，决定启动基层民主协商以推动望仙村自然村"杭派民居"建设，着力破解建房难、建房矛盾突出、工程质量监管不力三大难题。

基层民主协商主要体现在以下四个方面：

一、协商前期，做细准备：汇报调研，确定总体方案；协商于民，建立工作小组；广泛宣传，凝聚民心民意。

二、协商中期，多轮磨合：协商项目选址、设计方案、施工细节和分房方案。

三、协商后期，固本强基：协商新区管理，做大口粮基金，推进旧村改造。

四、督查落实，贯穿始终：实行签到制、汇报制、跟踪制、反馈制和总结制。

小结：在"杭派民居"试点项目推进过程中，望仙村采用的乡村建设组织模式成为村庄基层民主自治的典范。在项目进行之初，村庄决议采用政府引导、村民自主建设的"自下而上"式建设模式，成立村庄民主协商小组，加强公众参与，充分尊重民意。民居建筑设计尊重居民生活习惯，从村

民的切身需求出发,为之后村落的有
机生长创造充分的条件与可能。村庄
"社态"所发挥的效力应远远不止于
此,如何以"社态"为抓手,培育乡村
治理内生动力,打造乡村共治共理共
同体,将"杭派民居"试点项目中优秀
的组织机制推广、转变,并运用到望仙
村的未来发展中,才是实现新时代乡
村振兴的关键所在。

图5-20　望仙村中期协商会议

四、银湖街道金竺村——山水相依,自然共生

项目位置:浙江省杭州市富阳区银湖街道金竺村
设计单位:浙江省建筑设计研究院
主持设计:曹跃进
建设时间:2017年
摄　　影:由浙江省建筑设计研究院提供

(一)项目概况

1.村庄概况

银湖街道金竺村地处银湖街道北面,与余杭、坑西毗邻。全村面积
1070亩,村庄用地狭长,南北进深3.5km,东西向面宽仅200m,属于典型的
山村。现有人口1518人,农户434户。金竺村的纸伞等均为非物质文化遗产,
在国外已具有一定的知名度,其质量、外观皆获得外国客户的认可,并于
2012年入选第四批浙江省非物质文化遗产名录。村内有金竺畈水库,环境
十分优美。

2.试点概况

试点项目总体52栋独立式农
居房,1栋公共服务中心建筑,布
置了居住生活区、配套服务区、停
车广场以及会所。规划用地面积
36000m²,建筑面积16736m²,容
积率0.50,密度21.3%,计划投资
6760万元。

(二)设计过程

1.建筑风格

民居造型融合了传统江南民
居的风格,并从建筑色彩的延续

图5-21　金竺村鸟瞰图

上保证了新老金竺村之间的和谐过渡，从墙到每一片瓦，都透露着浓浓的水乡特色。在设计中尊重自然地形，房屋依据山体形式跌落布置，且牢牢把握村庄文脉，将传统建筑语言符号转化为更为直接的形式，这些传统元素包括宅中有园、屋中有院、层层露台，错落的屋顶形态、曲径通幽以及古朴的砖石肌理。

2.空间格局

杭派民居试点布置了居住生活区、配套服务区、停车广场以及会所。其中，居住生活区选择了坡度相对较缓、工程量少的坡地建造房屋，并根据发展需要分为三期建设。配套服务区受制于地形的因素，基于经济节约的角度，利用该区块内朝向不好的建筑设置配套服务功能，包括村委会、物流中心、运动广场等，为了提高运动场等的利用效率，该区域白天作为备用停车场，夜晚作为当地居民的娱乐场所。而对于会所的设置还考虑到适当增加旅游服务功能，发展农家乐、民宿等形式的旅游业。

图5-22　金竺村总平面图

3.单体设计

在民居的邻里空间设计上,营造出每栋楼之间互相组合又互相错落的形态,形成一种生动又能自然生长的布局形式,努力营造良好的公共空间和环境品质,体现村落的丰富性和多样性。

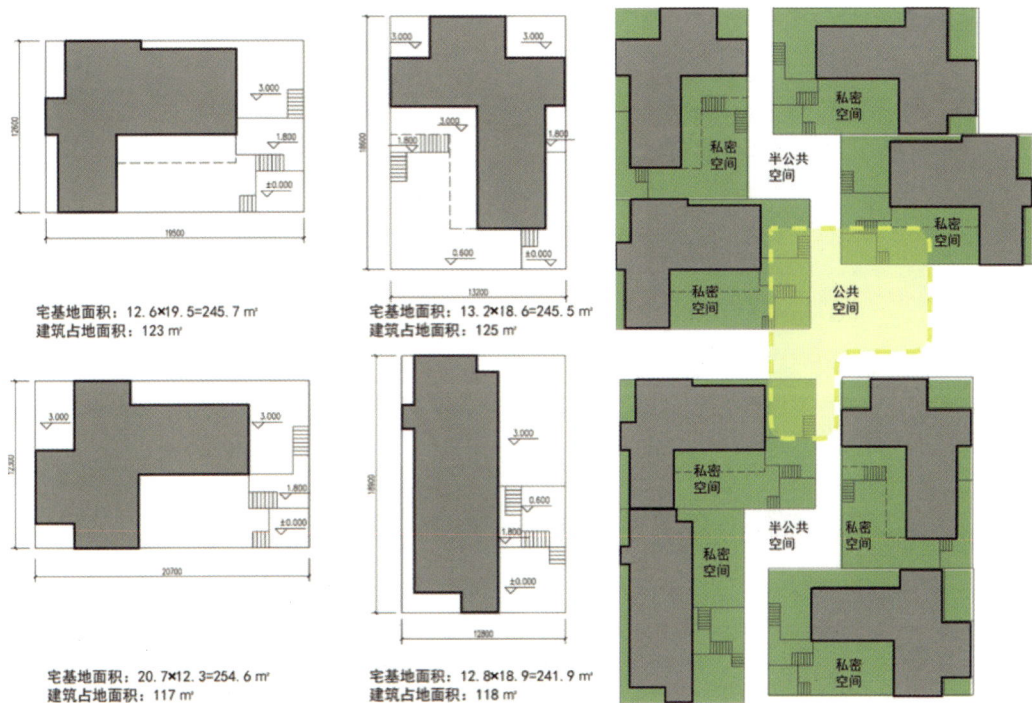

宅基地面积:12.6×19.5=245.7 ㎡
建筑占地面积:123 ㎡

宅基地面积:13.2×18.6=245.5 ㎡
建筑占地面积:125 ㎡

宅基地面积:20.7×12.3=254.6 ㎡
建筑占地面积:117 ㎡

宅基地面积:12.8×18.9=241.9 ㎡
建筑占地面积:118 ㎡

图5-23　金竺村邻里空间设计

在地形环境的适应上,住宅依据山体的形态而建,与环境相融合同时又能获得较好的景观,层层跌落形成不同层面的庭院空间,增加了竖向的景观层次,使得户外空间得到充分的利用,满足家庭人员的多样化需求。同时针对村里的妇女、老人、儿童在家时间较多这一特点,在考虑到这些人群的生活习性后,注重户外空间的设计,在各个楼层设置露台,可供妇女晾晒衣物、老人午间晒太阳等,也可为小孩的游戏活动增添更多的趣味。

图5-24　金竺村台地花园设计

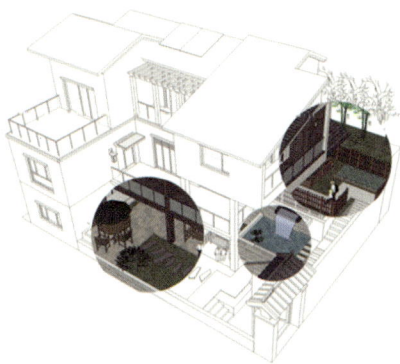

图5-25　金竺村层级露台设计

图5-26　金竺村鸟瞰效果图

　　小结：金竺村坚持人与自然和谐共生，打造山、水、田、林、湖生命共同体。村庄在规划设计中充分尊重山地建筑的历史文脉，将传统建筑语言符号转化为更为直接的山地建筑特色，注重与所处自然环境的融合，形成高低错落、疏密有致的建筑景观，力求达到杭派民居与自然环境的紧密契合。村庄宅中有园，屋中有院，层层露台，屋顶错落，曲径通幽，古朴自然。金竺村村庄设计中达成"形态"与"生态"和谐共生，但仍需进一步深化、优化现有产业，实现村庄美丽经济蓬勃发展，积极推进社态的强化和文态的传承，以实现村庄全面振兴。

五、场口镇青江村——山水田园，生态宜居

项目位置：浙江省杭州市富阳区场口镇青江村

设计单位：汉嘉设计集团股份有限公司

主持设计：徐欣

建设时间：2017年

摄　　影：由汉嘉设计集团股份有限公司提供

（一）项目概况

1.村庄概况

青江村位于富阳西南部，坐落于富春江畔，区域面积3.2km²，总人口2420人，粮田面积1600余亩，山林面积1500余亩，该村拥有悠久的养蚕种桑历史，在清光绪年间因遍地桑树而曾得名"桑树村"。

2.试点概况

青江村杭派民居项目坐落在东吴大桥北面，东临320国道，西濒风景秀丽的富春江，距富阳市区20km，水陆交通十分便捷，区位优势明显，文化底蕴深厚，居住环境较为优越。在定位上，青江村致力于创造富阳特色村庄旅游示范区，成为多元素共发展的样板区，提升村民生活品质，打造山水田园生态宜居村庄。该项目规划面积16231m²，安置农户39户（其中13户单体建筑，26户双拼联排），地上建筑面积12000m²，建筑占地面积5100m²，容积率0.8，建筑密度34%，绿地率15%。

图5-27　青江村鸟瞰图

（二）设计过程

1.总体布局

整个村分村口展示区、游客中心、城市田园、城市花海、停车场、村落扩展区域、阳光草坪、奇异田园、码头、滨河景观、原始森林、城市果林、密林、露营基地、休闲垂钓、桑博物馆、桑酒坊、林下餐厅、大礼堂、清江村村委会、农耕展示馆、乡野民俗、居民酒店等23个区块。

其中，村落扩展区为新建农居区，在原有村落的肌理上确定新建民居点的平面脉络，斜向的道路系统与东西向平行的道路相交叉，自然地将基地分割为两个大组团，其中又细化分为若干小组团。建筑采用"杭派民居"风格，在粉墙黛瓦、直屋脊、硬山顶的风格特色基础上，加以调整，形成既有传统民居风情，又能体现现代农村时代性的小康住宅。建筑外立面

<table>
<tr><td>1. 村口标识景墙</td><td>6. 洞天内院</td><td>11. 水井</td><td>16. 景墙</td></tr>
<tr><td>2. 照壁</td><td>7. 中心广场</td><td>12. 宅间绿地</td><td>17. 草坡景石</td></tr>
<tr><td>3. 文化景墙</td><td>8. 景观村道</td><td>13. 景观置石</td><td>18. 生态停车位</td></tr>
<tr><td>4. 林荫大道</td><td>9. 组团绿地</td><td>14. 花坛</td><td></td></tr>
<tr><td>5. 浮雕铺装</td><td>10. 街巷空间</td><td>15. 铺装广场</td><td></td></tr>
</table>

图5-28　青江村杭派民居平面图

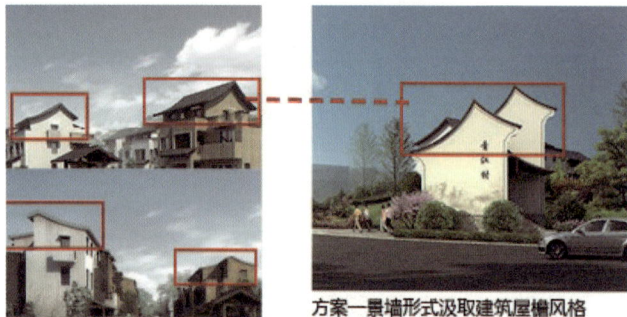

1. 景观园亭　6. 入户园路
2. 汀步　　　7. 植物组团
3. 绿荫小路　8. 阳光草坪
4. 景观矮墙　9. 景观花坛
5. 景观铺装

方案一景墙形式汲取建筑屋檐风格

图5-29　青江村杭派民居入口处设计

采用不同的色彩搭配，并配以木质栏杆、青瓦，成为新式杭派民居。

2.景观设计

（1）入口处

方案一：村口以迎宾姿态布置一组山墙与框景景墙相对的村口迎宾标识景观，右侧一组山墙提取建筑屋檐的坡屋顶形态，略带曲线，体现江南建筑轻巧、灵动的气质风貌，左侧的景墙运用传统的江南园林造景的"框景"手法，两组景墙八字展开，引导景观视线，以传统的江南风貌迎接村民与游客的到来。

方案二：设置交通中心岛的形式，将框景景墙、叠水池、景观置石的元素布置于此，形成入村的经管中心，对外展示青江村的多样乡村景观风貌。

（2）中心景观区

中心区入口以一处半围合景墙与树池围合成一处台池，可做聚会、戏台之用。沿着绿荫小路蔓延，在中心区利用下沉及围合形成左右两个聚合

图5-30　青江村杭派民居中心景观区设计

广场。右侧下沉处布置亭子、水池、花坛等，形成村民娱乐、闲聊之处，左侧框景景墙与景观树阵围合成一处院子，清雅、别致，形成村民休憩、放空的安静之处。左右一动一静，为村民的闲暇时光提供一处可玩可乐、宜动宜静的中心景观区。

（3）街巷景观区

建筑的布排与围合形成多处街巷空间与小型广场空间。街巷空间以老石板铺装和大小交错的花坛组成曲折小路，沿路设置乡村喜闻乐见的坐凳、小品等摆设，营造乡村质朴、浓厚的人文风情。小型广场灵活散布在街头巷尾，以树池、景石、水井等乡村元素，铺陈布置，形成多样灵动的乡村村头广场特质的休闲广场。街巷空间与广场空间相得益彰，塑造出丰富、灵活、多层次的乡村景观风貌。

图5-31　青江村杭派民居街巷景观区设计

图5-32 青江村杭派民居效果图

　　小结: 青江村依托自然山水环境,打造山水田园景致,建设为美丽宜居村庄。民居建筑秉持就地取材、地域特色等原则,采用夯土、木材以及青瓦等建筑材料建造,但在建筑造型设计以及外立面的色彩搭配选用上,与杭派民居形式有所差别。此外,青江村致力于提升居民生活品质和村庄人居环境,以创造富阳特色村庄旅游示范区为发展目标,但目前相对缺乏产业发展的优势基础,需要进一步挖掘村庄特色资源,发展特色产业,打破村庄美丽经济的转化瓶颈。

六、龙门镇龙门三村——江南古韵，山水庭院

项目位置：浙江省杭州市富阳区龙门镇龙门三村
设计单位：浙江安地建筑规划设计有限公司
主持设计：汪均如
建设时间：2017年
摄　　影：由浙江安地建筑规划设计有限公司提供

（一）项目概况

1.村庄概况

龙门镇位于浙江省杭州市富阳区境内，距杭州主城区约38km，地处秀丽的富春江南岸，全镇四面皆山，山势南高北低，环境优美，交通区位优势明显。作为三国东吴大帝孙权故里，龙门古镇有着悠久的历史，深厚的文化积淀，同时留存着浓郁的宗族氛围和独特的民俗风情，至今完好地保存着自明至民国时期不同风格的大小祠堂、厅堂、民居、古塔等，成为一个较完整的宏大明清古建筑群落，是现今江南地区明清古建筑群中保存最为完整且极为罕见的山乡古镇。

龙门古镇景区面积为2km²，全镇共有居民7000多人，90%以上姓孙，是目前我国东吴大帝孙权后裔最大的聚集地。古镇北依剡溪，龙门溪和剡溪呈丁字相交穿越古镇，周围峰峦四起，围出一带绿野田园。古镇民风淳朴，古建风格独特，是体现中国传统宗族传承体系的典型江南山水田园古镇。

2.试点概况

龙门三村位于龙门古镇保护的核心区块，西侧为山水田园，杭派民居与田园风光自然融合，传承了龙门古镇悠久的历史文化积淀以及古村落独特的院落和街巷空间格局。通过塑造三组院落组织场地空间，住宅造型稳重、大方、线条流畅、色彩和谐统一，建筑立面细部设计不烦琐，延续了龙门古镇历史时期所形成的村镇、山脉、水系、田园交相辉映的整体特色，从而打造成为适应现代生活需求的绿色居住场所。

图5-33　龙门三村杭派民居鸟瞰图

（二）设计过程

1.总体布局

延续传统民居建筑的风貌和创造宜人的生活氛围，设计强调以院落、街巷等元素，再现传统村落生活场景。

从有效利用基地的角度考虑，建筑平行道路或垂直道路布置，本项

目基地及外围道路方位为以南偏东约40°，因此建筑的主朝向偏东或偏西角度、光照条件基本相同，均为适宜朝向，这就给利用建筑围合庭院创造了条件。

方案沿基地长边共布置3组院落，院落间设置南北贯通的步行巷道连接各组庭院，形成点、线、面融会贯通的室外公共活动空间。

底层各户设置独立的前院或后院，避免主通道人流对住户的干扰。同时也有利于利用院落围墙划分出多层次的庭院空间和巷道空间。

主要经济技术指标：

总用地面积		11844.29m²	备注
总建筑面积		14987.81m²	
其中	住宅建筑面积	10645.70m²	
	便民服务中心建筑面积	1199.75m²	
	架空层、贮藏室建筑面积	3142.37m²	
容积率		1.27	
建筑占地面积		4158.84m²	
建筑密度		35.11%	
绿化率		12.81%	
幢数		30幢	
机动车停车位		35个	
其中	架空车库	22个	
	地面车位	13个	

图5-34　龙门三村总平面图

2.建筑设计

本项目建筑造型以稳重、大方、线条流畅、色彩和谐统一，建筑立面细部设计不烦琐为设计理念，通过对传统杭派民居建筑符号的抽象运用，创造具有龙门本地特征的现代建筑风格。建筑外墙饰面材料强调与周边环境的协调，采用白色、灰色涂料、灰色石板及木色铝板相结合，体现出建筑的优雅气质和历史底蕴，同时满足造价的经济性及合理性。因场地与现状道路有1.5m高差，为解决底层住宅的潮湿问题及减少场地填方，在住宅底部设置2.8m高架车库及储藏空间。建筑设计思想如下：

（1）努力营造一个经济、实用、舒适的居住空间。

（2）从细节入手，做到细致入微，关爱每一个人，体现人性化设计。

（3）建筑形式和风格力求简洁，突出龙门民居建筑风格特征，并与周边建筑形式相协调。

（4）努力降低建筑成本，提高建筑性价比。

住宅有3~4层，底层设置架空储藏空间，每户一个，多余空间设置机动车库。底层住宅在条件允许时设置内院，提高室外场地的使用效率。本项目设计的户型分别有90m²、110 m²和130 m²三种，做到基本满足不同住户的生活居住需求。

图5-35　龙门三村杭派民居建筑分布图

图5-36　龙门三村杭派民居透视图

A户型90m²：两房两厅一厨一卫　　B2户型110m²：三房两厅一厨两卫　　B1户型110m²：三房两厅一厨两卫　　C户型130m²：三房两厅一厨两卫

图5-37　龙门三村杭派民居户型图

3.景观分析

依托场地西侧的田园风光，塑造具有山水乡村风格的景观体系是本项目地块景观设计的基本设想。乡村聚落景观的丰富性体现在曲径通幽、步

图5-38 龙门三村杭派民居景观图

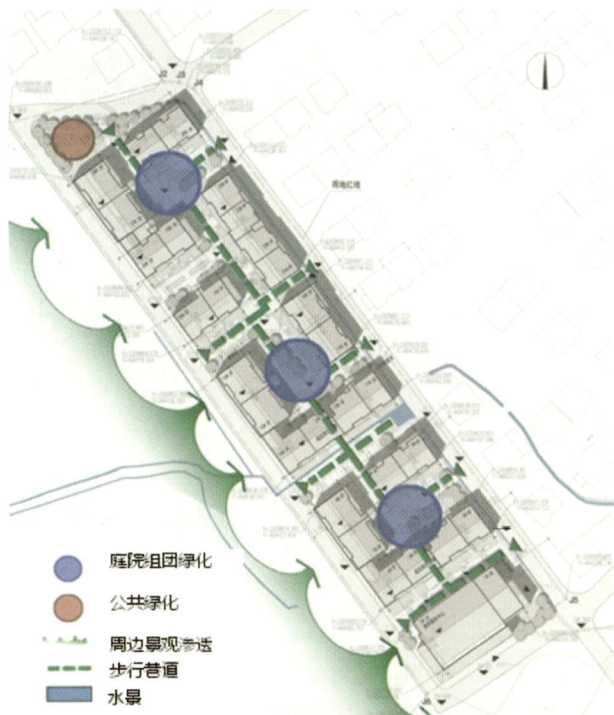

图5-39 龙门三村杭派民居景观分析图

移景异的场景，适合居民多样化的室外活动空间场所，以及乡土植被和乡土建材的应用等。

本项目景观结构清晰明了，以步行巷道为骨架，串联起若干庭院组团绿化，形成完整的点线布局体系。景观设计充分考虑了均衡性，每幢住宅均围合庭院布置，保证每户人家都有良好的视觉条件。同时，遵从并利用原有农用水渠，根据现状场地和建筑走向，结合绿地、步行空间进行改线，并将主要空间节点上的水面放大形成水池，打造宜人的亲水性活动场所。

公共空间设计充分考虑了人体尺寸和村民活动需求，大到公共场地的健身器材、休息座椅等设施的设置，小到建筑小品、铺装的材质选择，每一处细节都充分体现了乡土人文关怀。

小结：龙门三村在规划设计中将村庄建筑与田园风光自然融合，同时传承龙门古镇的历史文化积淀和古村落独特的人文基调。民居建筑通过对传统杭派民居符号的抽象运用，结合现代居住功能的要求，创造具有龙门地方特征的建筑风格，延续龙门镇域历史形成的村镇、山脉、水系、田园交相辉映的整体特色，打造适应现代生活需求的绿色居住场所。与此同时，龙门三村位于龙门古镇保护的核心区块，未来村庄发展仍需围绕"文态"做足文章，坚持乡村文化传承、文化复兴，将文化符号物化于日常生活，将历史文化气质渗透进村庄的角落，并积极培育乡村文创产业，发展村庄美丽经济，实现乡村振兴发展。

七、富春街道宵井村——诗意田园，美丽宜居

项目位置：浙江省杭州市富阳区富春街道宵井村

设计单位：浙江佳汇建筑设计股份有限公司

主持设计：罗文龙

建设时间：2017年

摄　　影：由浙江佳汇建筑设计股份有限公司提供

（一）项目概况

1.村庄概况

宵井村于2007年12月通过行政村调整后，由原宵井村、贝山村合并而成。全村区域面积为8.8km²。东至执中亭村，南到方家井村，西南与新登镇昌东村隔岭相望，西至官山，北与春建乡上唐村隔山相望，由贝山寺、方家、上张、孙家、邵家、下张、上台门、袁家、朱家、陈家、下台门、庙干、黄泥塘、东坞14个自然村组成。宵井村拥有山林面积8166亩，耕地面积2142亩，其中水田面积1931亩，旱地面积211亩，粮食总产量1017.73t。村民的主要经济收入来源以农业、林业为主，有水稻、茶叶、草莓、山核桃、蜜梨、早竹、板栗、香榧、西瓜、蔬菜及生猪、禽类、淡水鱼等。

2.试点概况

宵井村杭派民居建设地块原状为林地及茶园，南侧为农田背面临近上台门村落，东面紧靠村主干道方贝线，与村委紧邻，西面为农田及山地。项目规划用地面积3.9759hm²，总建筑面积24410m²，容积率为0.50，建筑密度为18.7%，根据土地性质分为两期建设（一期44户，二期15户），单户面积为320 m²，旨在打造诗意田园类型的杭派民居试点。

图5-40　宵井村鸟瞰图

（二）设计过程

1.整体布局

宵井村杭派民居整体规划分为山地民居和平地民居两块，在社区入口设置有农博馆作为配套。民居建筑结合山地地形，围绕中心水塘进行组团设计，采用台地式带状（条纹状）平面形式，以开放的社区形式与周边原有村落及农田等自然风光紧密融合。同时，利用地形设置底层架空，用作草莓、茶叶手工作坊，每个单体设有自己的围墙及入户天井，采用夯土、木头、青瓦、青石块等传统材料打造现代杭派民居。

图5-41　宵井村总平面图

（a）入口景观　　　　（b）山地景观

（c）水体景观

图5-42　宵井村景观设计

图5-43　宵井村山地透视图

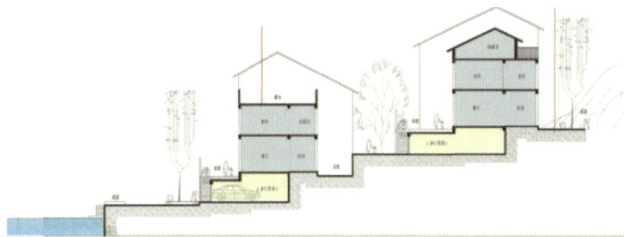

图5-44　宵井村民居某处剖面图

2.景观特点

本项目的公共景观设计分为入口、山地、水体三大景观组团。景观轴线以道路、河网等为依托，串联村庄入口、中心水库、公共建筑及公共空间等节点，形成完整的空间体系。同时，结合村民生产、生活的主要通行道路，选择较好的景观风貌、适宜的空间尺度、适合步行的道路，设置依山就势的路径，营造步移景异的空间风貌。

3.建筑空间形态

山地区块利用地形高差，营造错落有致的台阶交通慢行系统，以中心庭院联系上下两层住户形成组团。阶梯式的交通布局基本无需挖土，在保持原生态地貌的基础上兼备节约及美观。

"山以水为脉，故山得水而活；水以山为面，故水得山而媚"，藏风聚气的山水环境能给人类生活带来极大的便利与实惠。

4.建筑单体

本项目中的杭派民居单体提供了3种户型5种变化，且每户均带有天井设计，保留传统建筑的特色，通过精心构建的方寸天地，为建筑带来生气与格调，打造天地自然的人文情怀。

图5-45　宵井村建筑立面图

A户型天井　　　B户型天井　　　C户型天井

图5-46　宵井村建筑天井设计

图5-47　宵井村透视图

图5-48　宵井村透视图

　　小结：宵井村民居建筑结合山地地形，围绕中心水塘进行组团设计，充分尊重自然山水格局，将建筑充分融合于农田的自然风光当中，实现乡村与自然生态的和谐共生。在利用地形高差顺势而建的同时，为村民统筹考虑了未来的产业经济发展需求，每户均设计底层架空作为草莓、茶叶手工作坊，进一步培育村庄未来产业发展，壮大村庄产业经济。社区入口设计农博馆作为配套及展示，将宵井村的生态致富之路点缀上人文气质，有望实现乡村全面振兴发展。

八、渌渚镇阆坞村——富春山居，五态融合

项目位置: 浙江省杭州市富阳区渌渚镇阆坞村
设计单位: 浙江省建筑科学设计研究院有限公司
主持设计: 罗卿平
建设时间: 2018年
摄　　影: 由浙江省建筑科学设计研究院有限公司提供

(一)项目概况

1.村庄概况

阆坞村位于富阳区西南部，东临新桐乡，北接新登镇和鹿山街道，西、南与桐庐县相连，与桐庐县江南镇隔江相望，地处西湖—千岛湖黄金旅游线的中段。阆坞村于2007年由原大同、阆港和汪家三村合并形成，总面积11.03km²，全村耕地面积1108亩，山林面积15204亩。截至2015年底，全村总人口2139人，总户数645户。阆坞村山体延绵秀美，山脉清晰，坡度在10°~30°之间，有自然景观龙洞和叮当洞。区域内石灰石矿藏丰富，储藏量在3亿t以上。从2011年开始，阆坞村通过产业提升、旅游拓展、文化挖掘、生态保护等手段，大力发展生态农业，创建杭州市级珍贵树种发展培育基地、杭州市级设施农业示范园各一家。

图5-49　阆坞村效果图

2.试点概况

阆坞村迁建安置区项目规划用地面积67.33hm²，预计安置760户，约3000人。在充分满足安置条件下，将山体破坏降到最小，并引入适合村庄发展的产业项目，旨在打造一个以富春山水为依托的"特色乡村山居旅游小镇"。

(二)设计过程

在明确尊重自然(最小的自然破坏)、安居乐业(生活和生产并举)两大核心目标的前提下，确立了此项目的建设定位:"以富春山水为依托的特色乡村山居旅游小镇"，打造一个宜居宜业宜游的现代版富春山居新乡村。

1.适应山地环境

应对策略一: 基地的科学分析、评价。通过山地高程、坡度与生物多样性的敏感性分析叠加，得到场地的综合敏感性。再叠入各类用地范围，对高敏感性场地进行保留，将低敏感性场地作为适宜开发与适宜保留的区域。

图5-50　阆坞村分散式组团集中停车系统

图5-51　阆坞村住宅组团分布

　　应对策略二：密集化山居建筑，用地集约化。采用分散式组团集中布置停车系统，采用组团停车场与路边停车方式，车不到户，大大压缩了道路建设用地。利用山地高差，在保证良好的日照、通风条件下，压缩建筑间距，降低土地开发量。

　　应对策略三：居住建筑组团式、分散式自由布局。建筑更好地顺应山势，和自然山体融合。

　　应对策略四：尊重原有山体地貌，特别注意山顶轮廓线保护。

　　应对策略五：基础设施建设项目完成后，利用各种生态科技、景观营造手段进行修复、完善。

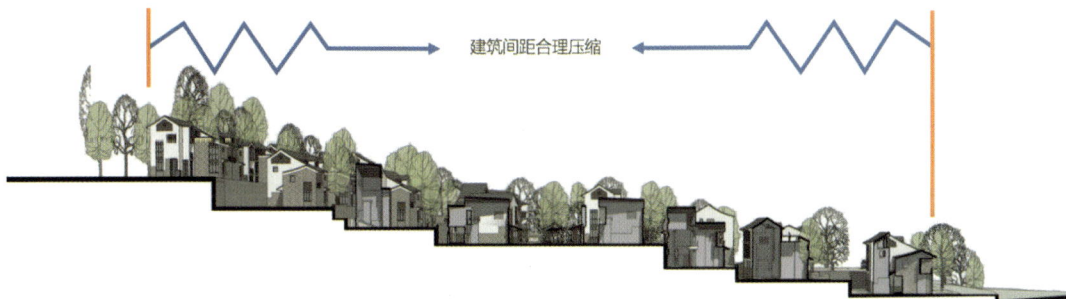

图5-52　阆坞村山地剖面图

2.交通设计

　　主要车行道路，考虑尽量利用原有地块道路现状，主要沿山脚设置，以尽量减少对山体的破坏。次要车行道路，考虑各组团的联系，也是到达组团的车行道。山地台阶步行道，进入每户的步行通行道。停车系统，采用分散式组团停车布局，主要由路边停车与组团边停车场结合。

图5-53　阆坞村交通流线

3.规划布局

阆坞村规划布局有游客集散中心,既是旅游服务又形成整个小镇的主要入口,进行交通转换。毗邻游客集散中心设置游船码头,交通便利,并将餐饮、旅居区设置在景观视野良好开阔的沿江地带,同时利用原有国有土地打造旅游小镇综合商业服务区。此外,面向本地居民生活生产,设置农居小镇社区服务网点,辐射各个组团,并在各个组团内部均匀布置社区服务网点。

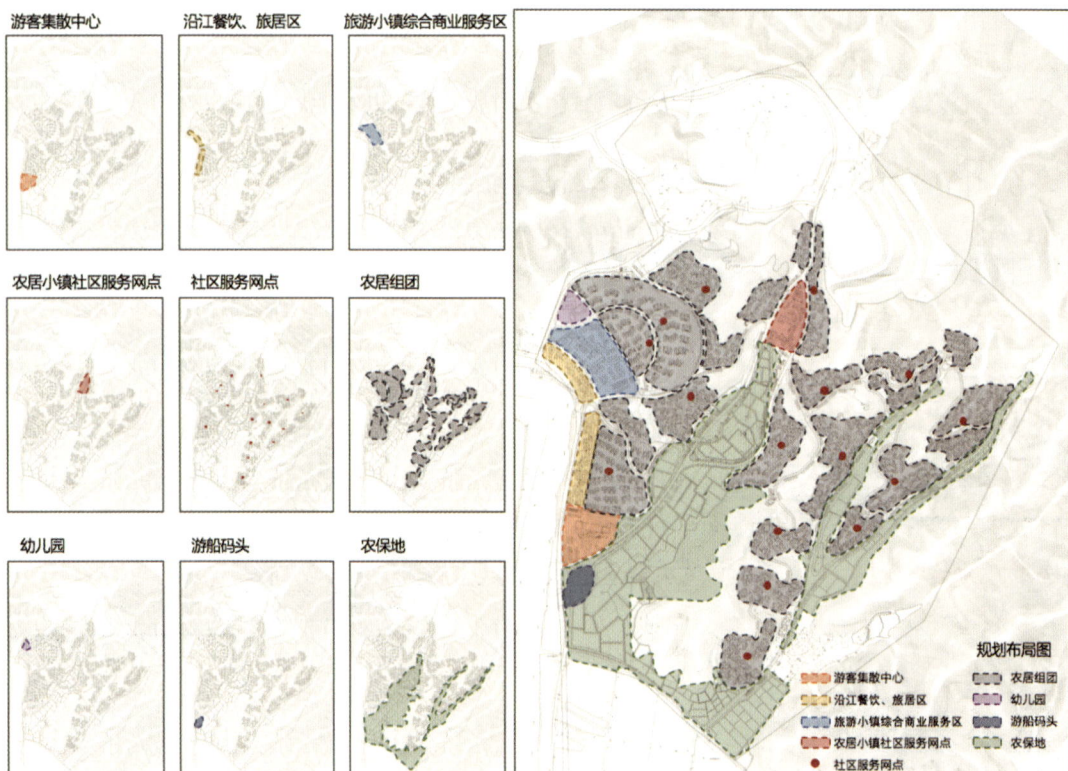

图5-54　阆坞村规划布局

4.建筑设计

建筑总体风格定位为现代式浙派山地民居。将传统建筑材料石、砖、木与现代建筑材料轻钢、铝合金、玻璃相结合，尊重传统，顺应时代。打造一个住宅建筑"可变体系"，"L"形平面可以通过旋转和镜像，在仍然保持建筑和庭院良好朝向的同时，派生出其他3种建筑形态；"L"形平面还可以多向性拼接，每一个单体有不同方向的3种良好拼接方式。通过建筑的旋转、镜像和组合，创造一个自由、丰富多变的群体建筑形象。

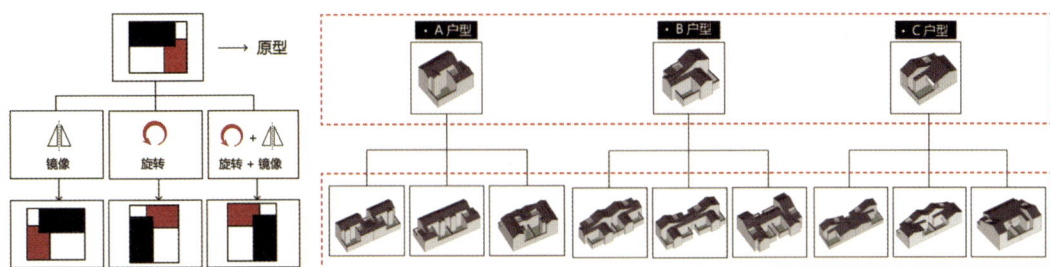

图5-55   "L"形平面旋转和镜像

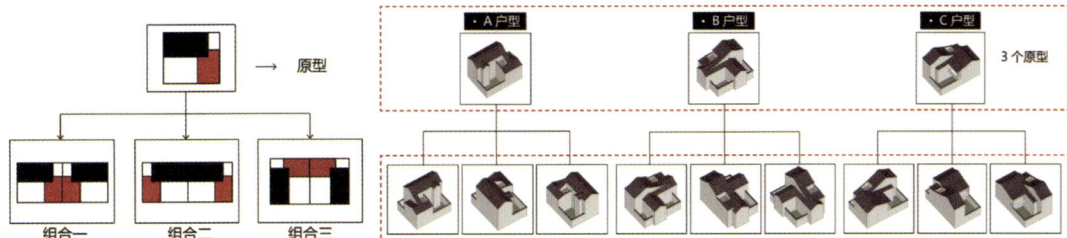

图5-56   "L"形多向性拼接

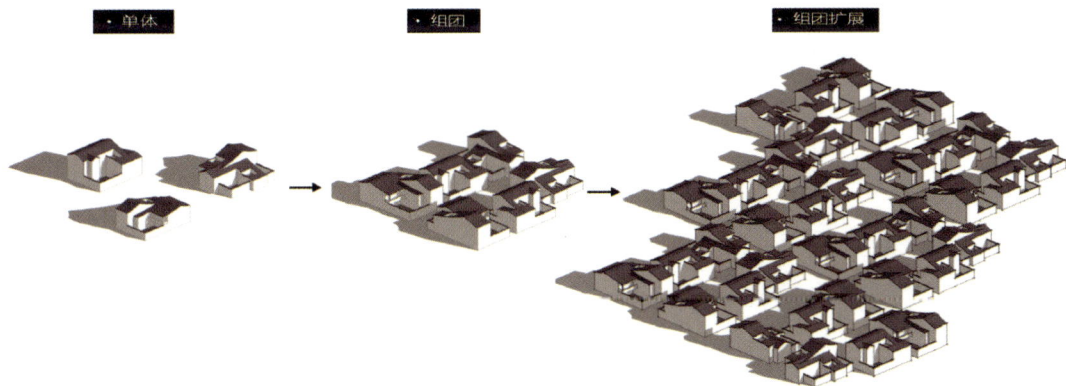

图5-57   阆坞村群体建筑

小结：阆坞村在村庄规划发展中，注重产业的主题策划，致力于二三产业全面融合，以实现乡村形态、业态、社态、文态和生态"五态"融合发展，打造"特色乡村山居旅游小镇"。村庄在规划设计中充分尊重自然地形，关注村庄长久发展，民居建筑设计形式风格多样，重视乡土风情的传承和延续；村庄各类空间自由组团化，还原传统乡村交流交往场景。与此同时，阆坞村在道路交通、建筑组团、旅游设施配备等方面都做出了统筹的规划和安排，为未来乡村产业发展做好物质基础准备。

富阳乡村振兴策略创新

第六章

第六章 富阳乡村振兴策略创新

一、乡村振兴的创新启示

1.经验创新

（1）**内容创新：以"五态融合"推进乡村振兴。**富阳通过十多年规划建设实践，一大批美丽乡村经过精心规划设计后建成落地，"规划让乡村更美丽"的理念深入人心。社会各界见证了规划在美丽乡村建设中发挥的重要引领作用，转变了对规划的传统认识，从根本上认可了乡村规划的重要性，形成了广泛的社会共识。同时，要坚持"五态融合"的乡村振兴理念，由形态转变引发生态、社态、文态、业态的全面发展，进而造就乡村振兴的核心动力。唯有如此，富阳的乡村规划才真正成为"第一生产力"，让建成更多的现代版"富春山居图"示范点成为可能。

（2）**设计创新：坚持设计先行，让乡村美成为一种功能和需求。**富阳在乡村振兴过程中，始终秉承"山水相依、入乡随俗、就地取材、低碳环保"的建设理念。一是就地取材，秉承传统建筑方法。如文村由著名建筑师负责总体定位与设计，运用当地传统的清水混凝土、杭灰石、黄泥夯土、抹泥等建筑手法，将之塑造成为一个集垒石墙、夯土墙、抹泥墙于一体的浙派民居示范村。二是依水而建，保留水墨江南风韵。杭派民居试点项目都较好地运用了水元素，如东梓关村做到了充分考虑老百姓生产生活诉求，以及新村和老村肌理的有机生长，展现出富春江沿岸白墙黛瓦的水墨江南画卷。三是融合生活需求和设计灵感，实现美观和实用并存。如望仙村在功能空间设计上有了进一步提升，根据邻里关系和需求合理设置房屋户型和空间，每3~5户民居组建为一个组团，共享庭院和公共空间。这种设计创新既节约了用地，体现出杭派民居风貌文化，又符合当地村民生活居住需求，从而打造出临水而居、人水相亲、房景相融的"小桥流水人家"的江南生态乡村景观。

（3）**模式创新：标准化、制度化模式引领乡村全域化发展。**富阳在乡村营造过程中，以"一策划五设计"为引领（图6-1），引进专业设计人才和团队，推动全区乡村建设"点线面"协调发展。首先，选择资源条件好、组织能力强、有建房迫切需求的村庄作为重点进行打造。其次，由杭州市规划和自然资源局富阳分局牵头，浙江省住房和城乡建设厅推荐，邀请省内外10家优秀的设计团队参与方案设计，针对重点村进行"私人订制"，并通过优秀设计方法的总结提炼，形成一套规范化、标准化、全面化的设计模式，进而在富阳全域推广，由此实现点上突破，全域发展。

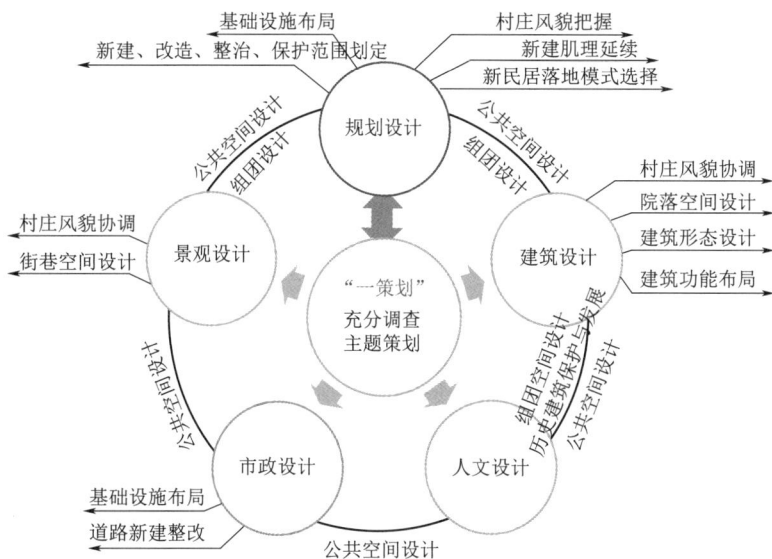

图6-1　"一策划+五设计"模式

模式创新具体表现在富阳提出了"一策划五设计"（一策划：乡村主题策划，五设计：规划、建筑、市政、景观和人文五方面设计）的乡村设计先行模式，引导富阳美丽乡村建设的深化发展。在规划设计理念、规划编制方法创新的基础上，富阳对规划工作形式进行创新。例如，通过成功案例比选，遴选一批设计团队，根据类别和单位优势、特长，制定设计单位名录库，提升整体乡村设计水平。同时，实行一对一、点对点规划"私人订制"，根据每个乡村不同特点和资源禀赋，分别遴选优秀设计团队，让一个设计单位设计一个村庄，最后进行设计评选、互相PK，形成互相竞争的格局，充分调动各方设计团队的创造活力。并结合驻镇规划师全覆盖的全面推行，建立规划服务联系工作机制，强化重点村、特色项目的全过程、全链条跟踪服务，做好与部门（单位）、群众干部沟通协调，确保项目顺利推进和设计理念有效落实。此外，富阳还采用"点线面"模式推进全区的美丽乡村规划建设。在东梓关村、文村成功打造之后，通过规划设计引导，相继建成了望仙、秉贤等具有江南山水、富阳特色的古韵杭派民居，已启动宵井、金竺、青江、龙门等五个杭派民居项目以及十个杭派民居旧村改造项目，成为浙江省市杭派民居实践的重要组成部分。

（4）方法创新：精细规划与项目设计并进，力促乡村规划落地。一是富阳对于一些条件适合的村庄，创新规划编制方法，对其村庄规划采用网格化设计，即以道路、河流等肌理作为网格边缘，将村庄分成若干个网格，按照"锁定总量、做减法、调结构、划定分区、控准入、优布局，落实配套、促均衡、融山水，提升功能、强活力、谋振兴"的原则编制郊野控制性详细规划推进乡村高质量发展。二是富阳每年遴选出重点建设的美丽乡村特色村、精品村、重点村等项目,高品质编制乡村规划和项目策划,打造"一村一品""一村一风",引导乡村建设项目高水平落地。三是富阳通过农居方案设计竞赛等形式,根据不同要求,设计一批高颜值、多功能的农民建房图集,在全区推广。同时,对农民建房实施带方案审批,提升农民建房品质。

(5)参与创新:主动服务、提前介入合力推动乡村高标准建设。一是富阳乡村振兴实施全员参加、强化监督。在望仙村建设过程中,富阳政府积极引导并灌输创新理念,邀请浙江绿城建筑设计团队开展精心设计,同时鼓励村庄号召乡贤自主成立基金会管理项目资金,此外,在公共设施建设方面区政府也给予了杭派民居工程资金补助。通过强化监管,望仙村杭派民居试点项目将建房成本控制在1380元/m²,得到了村民广泛肯定。二是富阳全面推行驻镇规划师全覆盖。根据各村庄实际情况和特色,进行分类实地指导,打通规划实施"最后一公里"。驻镇规划师将为乡镇(街道)全域范围内规划建设管理提供全过程、多方位的技术服务与指导,对村庄规划建设精确指导,形成更多既有民俗风情又有地方特色的村落,让人记得住乡愁,讲好富阳乡村故事。

(6)路径创新:以空间重塑带动产业振兴。富阳独特韵味的浙派杭派民居建设,通过新空间的重塑所制造的"网红效应",正在吸引新经济的发育,从而走出了一条具有富阳特色的乡村产业振兴道路。例如,文村因临溪而建的14幢浙派新民居,一举成名。整个村子新与旧的相互碰撞、联结、叠加与映射,凸显出现代与传统风貌的一脉相承,架起文村的文脉传承桥梁。新空间吸引众安集团注资30亿元,打造文村"艺术旅居"品牌,而"百花大会""山花节""山香节""美食大赛""乡村音乐节"等形式多变的娱乐活动,也为富阳乡村带来了大量人气。旅游产业发展直接带动了乡村商业发展,形成了各类餐饮、超市、农副产品、民宿等业态,这就是乡村新空间重塑后所带来的一系列深刻经济变革。

(7)机制创新:以治理多元化促进乡村振兴。富阳已建成了一批独居山水特色的浙派杭派民居。根据动力主体不同可划分为三种模式:一是政府+企业协同合作模式,例如洞桥镇文村;二是政府主导、村民参与模式,例如场口镇东梓关村;三是政府引导、村民自主建设模式,例如大源镇望仙村,通过发动望仙村民主自治意识,争取新乡贤支持,形成了一种自下而上的乡村营造模式。在乡村建设过程中,以人为本、充分尊重民意,满足村民生产生活需要与习惯,并做到人与自然的和谐相处。

2.振兴启示

富阳地处丘陵,属于"八山半水分半田"的江南山水城市,其美丽乡村示范点分布于山地、丘陵、河谷等地,所形成的乡村营造模式有利于打造现代版"富春山居图最美示范区",对其他地区实践乡村振兴战略具有一定的借鉴意义。

（1）**以空间规划促进城乡融合发展**。习近平总书记曾指出，城市（城乡）规划在城市（城乡）发展中起着重要引领作用。在美丽乡村特色村、精品村、精品线路、小城镇环境综合整治等一系列规划引导下，富阳乡村面貌发生了根本性的改变，城乡差距越来越小，城乡一体化发展水平再上一个台阶。在规划引领下，几乎所有村庄都从"一处美"迈向了"一片美"，从"瞬时美"迈向了"恒久美"，从"外在美"迈向了"内在美"，形成一个个现代版"富春山居图"示范点。农村生态环境、人居环境和发展环境得到全面改善，农村美丽度和群众幸福感不断提升。2017年富阳农村常住居民人均可支配收入达29687元，增长速度连续多年超过城市居民。

（2）**以高标准设计引导乡村振兴**。从富阳乡村营造中可以看到"规划让乡村更美丽"，各地区可以在有条件的区域，充分吸收浙派杭派民居营造模式经验，依据地方特色和不同需求，邀请有情怀、有奉献精神的设计团队参与乡村规划设计，形成各具特色的现代版"富春山居图"示范区，充分落实习近平总书记重要指示，引领乡村全面振兴。通过富阳乡村建设实践，让规划设计的重要性成为社会共识，规划设计引导空间特色塑造。从全区到省市逐步扩充浙派杭派民居示范点的建设数量，按照以点带面、示范引领原则，推动浙派杭派民居由新建为主向建改结合转变，逐步推广浙派杭派民居营造模式，形成一批各具特色的现代版"富春山居图"。

（3）**以分类引导优化整体乡村建设风貌格局**。一是富阳对各地区村庄实施分类引导，将资源条件好、带动力强的村庄作为地区发展核心，对山区空心村进行迁居撤并、土地复垦，对一般村做好带方案审批和农房通用图集推广，整体提升乡村建设品质。二是富阳充分利用闲置土地、贫瘠地、低丘缓坡等土地空间，结合村庄的肌理、地形地貌，创新乡村振兴模式，形成区域风貌协调、社会和谐的浙派杭派民居乡村建设格局和肌理。

（4）**以"党建+村两委+乡贤"增强村级组织领导力**。一是借鉴富阳乡村振兴由地方政府主导转向村级党建带头、基层民主协商等机制和经验，强化村级党组织领导力，构建以"党建+村两委+乡贤"为领头雁的基层乡村营造组织，使之成为乡村振兴的内在动力引擎。二是探索农村土地制度和金融制度创新，加快土地流转和规模化经营，盘活农村闲置废弃农房和闲置宅基地，营造更多的新空间，培育更多的新产业，让乡村更具活力。

二、乡村振兴的策略措施

当前富阳以乡村"形态"的规划设计为抓手，逐步引发"业态""社态"的良性发展，进而推动"文态""生态"的全面重塑，最终以实际行动走出了一条新时代富阳乡村建设"五态融合"之路。回顾以往，展望未来，若要实现富阳乡村区域的全面振兴，仍需紧密围绕"人""地""财"三大核心问题强化以下几个要点任务。

1.塑"形"：注重设计创新，营造"四美"乡村

富阳山水地形谓之"八山半水分半田"，浙江省地形素有"七山一水两分田"一说，两者均拥有复杂且多元的地形地貌，在自然条件上具备相当的相似性。无论是富阳还是浙江，地形都包括了平原、河谷、山地、丘陵等形态，受地形影响，富阳乡村建设也呈现出多元化的特征，各个村庄表现出不同的功能布局、空间结构、文化基底以及生活生产方式等。为了更好地推进现代版"富春山居图"的重现，推动杭州打造"美丽中国"先行区的步伐，并在整个浙江省内起到良好的推广效果，建议在未来杭派民居试点项目实施中，在各种类型的乡村开展营造活动，并进一步充分挖掘场地所在地形区的自然特征及人文特征，将这些特征性因素更好地运用到乡村建设的方方面面。同时，探究合适的乡村营造模式，形成以富阳为借鉴模板相对完整的乡村建设样板，让全省各地能够参考借鉴。

在乡村建设过程中，要坚持设计先行的理念，以人为本的设计方案，将富阳乡村营造的"一策划+五设计"加以推广应用，努力塑造"整体美、建筑美、景观美、人文美"的乡村空间，即"村庄整体美""建筑单体美""景观乡土美""人文诗雅美"。在工作流程上，前期联合地方政府相关部门、规划团队进行深入的实地踏勘、问卷访谈，充分调查了解每个村庄的特性与诉求，制定符合村庄个性发展的主题定位。

例如，首先由规划团队入驻进行整体的风貌把握、功能布局、基础设施布局以及确定新民居的落实模式选择等，从宏观上为村庄建设发展谋划蓝图。随后建筑设计、景观设计、人文设计共同参与，在中观、微观层面上协调商议提出切合可衔接的设计方案，主要是对村庄的公共空间、组团空间、历史建筑整治保护以及新民居、公共建筑等组团或单体建筑功能组织、形态设计提供可行成果。最后为市政设计配套落实阶段，将规划设计方案中的基础设施布局细化实施，协助建筑、景观、人文项目落地，维护村庄道路、管线等基础设施运行。

2.造"核"：挖掘乡村新刚需和新供给，孕育特色产业

城市与乡村是一个难以割舍的整体，但是乡村的发展不是让乡村更像城市，而是鼓励乡村在城乡协调发展中找准自己的定位，成为平等的互补单元。乡村想要突出自身有别于城市的特色，需要以农业为本底，衍生出城市人群所需的产品，即要积极寻找乡村发展刚需，使之成为乡村营造的内在动力。

根据马斯洛需求理论，将人类需求从低到高按层次分为五种，分别是：生理需求、安全需求、社交需求、尊重需求和自我实现需求。生理需求是级别最低、最具优势的需求，如对食物、水、空气、睡眠等的需求。首先，在生理和安全层次的需求上，人们对安全的绿色食品以及整个社会对乡村农业保障的需求依然存在（表6-1）。在食品安全问题日益得到重视的

今天，乡村有机食品所获取的关注度也在不断增长。根据百度相关热度统计，2007年以来社会大众对有机食品的关注热度不断提升。乡村是农产品的生产基地，为城市提供了绿色安全的食品。自古以来农业就是乡村的主要产业，如今乡村产业多元化得到了大力发展，农业依旧是乡村的刚需产业，也是全社会生态供给的主要来源。

乡村不同层次需求一览表　　　　　　　　　　　表6-1

需求类型	需求内容	乡村刚需
生理需求	衣食住行、水、空气	乡村农业
安全需求	安全、健康、舒适	有机绿色食品
社交需求	友谊、亲情、商务	乡村旅游、商务培训、
尊重需求	地位、名声、财富	乡村精英参与乡村营造
自我实现需求	享乐、求知、体验	体验园、文创中心、疗养基地

随着社会经济的发展，人们的物质条件得到了很大的改善，对精神层次的需求也在不断提升，如今的乡村为人们共同出行、互相交流提供了重要场所。据统计，截至目前乡村旅游的出游人次达到3亿多，占到全国旅游出游人次的1/3，而在出行的人群当中有九成以上都是多人出行，亲朋好友利用共同出行的机会，互相交流促进关系。

同时，都市区过于匆忙而拥挤的人居环境，难以满足老年人的社交活动需求。伴随着乡村闲置住房打造的田园式养老社区也在各地纷纷涌现，城区大批的家庭和老人对于宽敞安静的养老场所以及聚集的可以互相交流的老年群体的向往终于得到实现。乡村养老社区拥有良好的居住生活环境，未来可通过配置优质医疗文体设施满足老年人的社交需求。

乡村营造的过程中也为众多的社会精英人士提供了足够的参与机会，通过发挥自身的价值，以满足他们对于求知、体验等方面的需求，赢得更高的社会认可。当前越来越多的设计师、返乡精英、乡贤、企业家等都投入到了乡村建设工作当中，如村中的能人、从乡村走出去的精英，以自己的经验、学识、专长、技艺、财富以及文化修养为乡村建设助力。

城市不同人群对于乡村的需求也是不同的（表6-2）。如人口老龄化时代的到来让中老年人对乡村田园式养生养老产生需求，城市居民节假日有对乡村休闲旅游的需求，并在日常生活中对乡村绿色有机农副产品有着迫切需求。现将不同人群对乡村的需求进行分类，借此来明确乡村振兴的需求动力。

城市不同人群乡村需求一览表　　　　　　　　表6-2

不同人群	乡村刚需
中老年人群	对乡村田园式养生养老的需求
青年人群	对乡村休闲旅游田园风光的需求
少年人群	对乡村自然环境农事体验的需求
城市家庭	对乡村有机农副产品的需求

针对富阳而言，高铁时代的到来及长三角一体化程度的提升，为富阳乡村振兴增加了外部动能，提供了发展契机，其所处的区位条件也决定了

大都市边缘乡村拥有日常消费、创新创意、休闲旅游、生态宜居等方面的功能(表6-3)。根据调研发现,城市人群进入乡村主要是享受康养休闲,而如何能让城市里的人留在乡村,最主要的还是提供优质的医疗、文体、养老服务和舒适的生活环境。

富阳乡村营造功能作用一览表　　　　表6-3

乡村营造功能	主要业态	典型案例
消费功能	发展农家乐、售卖特色农产品等,增加经济收益	黄公望风情小镇、生态农业型村庄
创新功能	发展文创、科创产业为乡村注入创新元素,提高乡村产业多样性及活力	文村、东梓关设计小镇、鹿山文创村
休闲功能	通过对乡村休闲空间的建设,给城市居民提供休闲娱乐场所	查口村、湘溪村
宜居功能	分流城市人口,提供高质量居住环境,吸引村民回村居住	东梓关村、文村、望仙村杭派民居

由于城市和乡村始终是联系在一起的,互为供求关系,不断互补促进发展。因此,在今后乡村振兴过程中,首先要坚持"大(都市)中(区县市)小(城镇)"城乡统筹,城市作为创新创业的主战场,乡村则是绿色有机农产品的"菜篮子"、康养休闲的"世外桃源"。假设城乡人口结构"二八开",即城市里80%为年轻人、20%为老年人,乡村则20%是年轻人、80%是休闲康养的老年人。今后可以考虑在乡村生态示范片区规划相应的三甲医院,为乡村休闲康养提供优质服务,从而实现城乡功能互补,充分满足乡村发展的刚性需求。

其次是积极修复乡村生态环境,加强流域源头治理,发挥乡村康养功能,探索"农养乐"服务设施体系。尝试将中心城市优质医疗、文体、养老等设施在乡村地带规划布局,利用农村闲置农房和场地,为城乡居民提供多元化的休闲、度假及养老服务,真正变"绿水青山"为"金山银山"。例如,东梓关村以颐养小镇为发展定位,骨伤科医院建设也已经列入计划,建议在布局医疗及养老等公共资源时,能向优质乡村附近倾斜,以带动乡村旅游和"农养乐"发展。

3.寻"器":完善城乡交通,打通人气脉络

新时代乡村振兴需要提高乡村人气。随着城镇化、汽车普及和新消费革命的快速发展,乡村旅游已经实现了蓬勃发展,在短期内为乡村吸引了大量的人气。根据中国乡村旅游指数报告显示,2016年乡村旅游出行达到3.6亿人次,占全国游客数量的1/3。其中,在出行交通工具上,59.24%的人选择了自驾游,有25.12%的人选择公共交通,剩下的人群则是选择了其他的出行方式,由此可见,汽车出行仍然成为主要出行方式(图6-2(a))。

　　然而，自驾游虽然在出行的便利性上占据领先地位，但也给乡村带来了许多的现实问题，包括对乡村自然环境造成的污染以及乡村地区的停车问题。在出行人群的结构分析中，去往乡村旅游的人群以20~45岁最多，乡村的人气以是否为节假日为区分，呈现明显的潮汐式现象，如节假日，人气爆棚；工作日，冷清惨淡。与此同时，那些为青年群体所提供的各类设施除了能在节假日发挥功能作用外，其余工作日基本处于闲置状态，造成了极大的土地、资金以及维护浪费。而那些拥有最多空闲时间的中老年人，却由于种种因素限制成为较少参与乡村旅游活动的人群（图6-2(b)）。

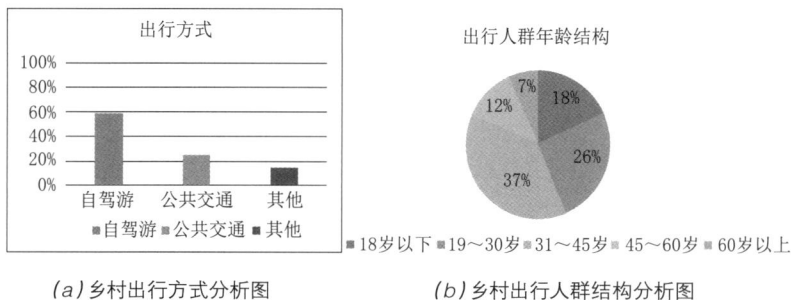

（a）乡村出行方式分析图　　　　　（b）乡村出行人群结构分析图

图6-2　乡村出行特征

　　可以认为，乡村人气不足仍然是制约当前乡村振兴的重要障碍。振兴乡村的关键之一是乡村要能够全时段吸引都市游客，进而鼓励年轻人回乡创业就业。根据国内外乡村振兴成功经验，可以考虑在杭州西部山区规划建设都市乡村小火车一张网。考虑到高铁可以解决城际间交通，地铁可以解决城市内交通，小火车则可以用来解决城乡间交通。通过在都市乡村之间搭建"三铁融合"（高铁、地铁、乡村小火车）的城乡交通系统和绿道徒步慢行系统，实现山地乡村小火车与城市地铁站、高铁站无缝对接，为大量外地游客、本地老年人、儿童以及周末全年龄阶段人群提供安全舒适的出行方式，来享受杭州西部乡村的好山好水。通过交通完善衔接，加速城乡之间的人气流动，吸引大量年轻人到乡村创业，真正变"绿水青山"为"金山银山"。

　　针对富阳而言，一列小火车可以串联几十个乡村，并以水上巴士、山地火车为主交通方式建设乡村"小火车"运行网络，将资源丰富、发展势头迅猛的网红村作为"小火车"的终点站，借此吸引人流，加速城乡人群的流动，带动沿线村落发展，更快推动富阳全域与杭州都市区的杭富融合。例如，富阳正在设计谋划从"闲林埠到洞桥镇"的乡村小火车方案，结合"四好"农村公路，进一步加强农村与城市地铁站、高铁站的无缝对接，以打通乡村旅游的人气脉络。

　　相较于以自驾游为主的交通出行方式，乡村小火车更加绿色环保，便于都市游客欣赏沿途的乡村风光，更好地带动沿途乡村的发展。同时，"小火车"式的出行方式也能够覆盖更多年龄段的人群，除了青年人外，老年人也能借助小火车便捷地到达乡村。鼓励更多老年人到乡村旅游，从而解决乡村旅游设施的日常闲置问题，同时也能丰富他们的闲暇生活（表6-4）。

乡村出行方式对比　　　　　　　　　　　　　　　表6-4

自驾游为主的出行方式	危害乡村空气质量，带来停车难问题；速度过快，游客无法欣赏沿途风景；驾车出行以青年人群为主，覆盖面窄
"小火车"式出行方式	相比汽车更环保；能带动沿线经济发展；速度适中，便于欣赏乡村风光；覆盖年龄更广，老年人也能方便出行

三、乡村振兴的保障机制

1.秉承"五态融合"理念，坚持城乡"大中小"统筹

首先，在杭州都市区层面做到城乡大统筹。2015年富阳正式撤市设区，被纳入杭州市城市总体规划框架，这将需要站在杭州和富阳的双重角度，致力做好杭富融合文章，努力建设杭州"第九区"，通过城市网络体系构建凸显富阳乡村空间的优越价值。随着富阳与杭州市之间的各类要素流动愈发频繁，要突出富阳在杭州日益增强的经济、文化、生态等职能，如最新的富阳分区规划显示，未来着重发挥多项优势，凸显山、水、林、田、湖、岛特色，主动补足杭州都市区功能短板，建设成为现代版"富春山居图"最美示范区以及富裕阳光的大都市新型城区。

其次，在富阳区层面做到城乡中统筹。在编制美丽乡村规划时，要坚持"绿色、人文、智慧、集约"的规划理念，综合考虑农村山水肌理、发展现状、人文历史和旅游开发等因素，结合城乡总体规划、产业发展规划、土地利用规划、基础设施规划和环境保护规划，做到"城乡一套图、整体一盘棋"。富阳区要以统筹城乡发展的新理念谋划新农村建设，以深化提升"百千"为抓手，着力推进"富春山居，美丽乡村"建设，积极培育乡村产业体系。例如，富阳区着眼于统筹城乡发展，制定《富阳（市）区发展战略规划》，编制完成区域总体规划、镇村规划，以及产业发展、土地利用等专项规划，构建"中心城区、小城市（中心镇）、特色镇、中心村、精品村"梯次衔接、以大带小、功能配套的梯度发展模式。同时，完成农民居民点定点规划，制定集中居住区配套规划，完成覆盖城乡的交通、排水、环保、电力等基础设施规划和公共服务设施规划，实现城乡的科学合理布局，全面提升美丽乡村建设水平。

最后，在小城市或小城镇层面做到城乡小统筹。一方面在做大做强小城市或城镇的同时，可以鼓励偏远收缩型乡村的村民放弃农村宅基地，搬迁到邻近小城镇居住，这样既有利于繁荣城镇工业、服务业、住宅市场的发展，充分发挥巨资建设的城镇公共设施和基础设施的作用，又可以避免偏远乡村环境整治投资的浪费，更好地建设邻近中心村或精品村。

通过以上城乡大中小统筹，有利于推动富阳乡村全面振兴，进一步发展富阳全域"美丽经济"，做好乡村与城市之间的互动，不断缩小城乡之间

的差距，使得城乡统筹在整体上形成市级层面的大统筹，区县层面的中统筹以及镇级的小统筹格局，尽早实现城乡一体化与融合发展。

2.实施土地机制创新，推动乡村产业振兴

城市刚需是乡村振兴的关键，从而使得经济发达地区或大都市边缘的乡村拥有经济、生态、创新、文化、生活等各种功能，这些均是实现乡村产业兴旺的重大机遇。然而，富阳农村土地流转率较低，土地制度创新不足，这与其优越的区位条件和独特的山水资源并不相符，成为制约乡村产业振兴、社会资本下乡的重要瓶颈，这也是全省乡村建设过程中遇到的难题。未来浙江乡村建设不但要重视环境整治、风貌塑造、设计创新，也要兼顾农村土地制度创新，借鉴省内外乡建的内置金融、共享村落经验，以农村土地股份合作制为抓手，进一步激活农村土地经营权，盘活农村闲置废弃农房和闲置宅基地，鼓励传统农业向都市农业、现代农业转型，培育激发经济发达地区乡村的独特功能，形成乡村大健康产业链，充分满足大都市人群日常生活需求，为浙江省争当新时代乡村振兴排头兵贡献经验与智慧。

首先，乡村机制创新最具基础性和根本性的是土地制度创新。当前，在各地深入开展的脱贫攻坚中，如何有效解决家庭分散经营生产规模小、农村劳动力不足、农业经营粗放、土地效益不高、农民收入较低等状况，成为各级党委、政府需要面对的难题。随着相关政策的不断出台，土地流转速度和规模都不断加大，对土地流转模式的探索变得尤为重要和迫切。在调研中我们了解到，富阳区土地流转工作较为滞后，农业产业经济萧条，创新土地流转制度工作迫在眉睫。按照"依法、自愿、有偿、规范"的原则，积极探索多种土地流转工作。在完善承包、转让、出租的基础上，可以通过入股、置换、委托流转等新的形式，鼓励和促进村民流转土地承包经营权。入股流转即把土地承包经营权量化为长期股权，入股组建土地股份合作社，发展农业规模经营；置换流转即以农民的土地承包经营权换取城镇社会保障，农户承包地交回镇村集体经济组织，实行统一经营，农用地性质不变；委托流转即由农户委托发包方（镇村集体经济组织或村委会）流转其承包地。通过不断扩大土地流转，促进农业规模化、产业化、集约化发展，提升富阳区农业现代化发展水平。

除此之外，还可建立"土地银行"。土地银行，顾名思义就是和土地打交道的金融机构，在这里存进来和贷出去的目标物都是土地。土地银行通过"零存整贷"的方式将农户手中分散闲置的土地集中起来后再流转给农业种植大户，能有效加快农地流转，推动农业产业化和规模化形成。土地银行具体运作模式是指政府出面组织，在农户自愿的基础上，把某一区域农民的承包地使用权、农村集体建设用地使用权，以及"拆院并院"之后的农民宅基地使用权分类整合或适度改造，在维持基本农业用途不变

的前提下，"贷"给其他有土地需求的农业企业或种养大户，土地需求者向土地银行支付土地的储存价值、整理开发价值及两者之和的同期贷款利息，土地银行再把储存价值兑现给农户。遵循村民自治、政府扶持、市场运作、合作经营的运行方式，既保证了土地的适当集中和规模经营，实现了土地效益的最大化，又从根本上保护了农民利益，达到了各方"共赢"的目的。

其次，当前富阳乡村建设工作主要以改善乡村居住环境为主，注重乡村形态设计创新，对于乡村产业发展关注度不够。然而乡村问题归根结底是发展问题，产业兴旺才是乡村发展的基础。乡村产业发展最重要的是大力发展现代化农业，促进农机农艺融合，积极推进作物品种、栽培技术和机械装备集成配套，加快主要作物生产全程机械化，提高农机装备智能化水平。以核心产品为重点，集中人力、物力、财力打造示范典型，以点带面，提高产业聚集度。

例如，成立各种种植专业合作社，培养村级示范户；加强同农业院校及相关科研机构进行技术合作；加大对产品分级、包装，推进原产地标识，做大名牌产品。在此基础上发展休闲农业产业，通过保留村民最原始的特色生活空间和生活场景，作为乡村文化主题展览窗口，展现乡风民俗的古朴、醇厚之美。乡村文化的展示以生活为原本，让游客在乡村日常生活中体验到独特的乡土文化和景观风貌。例如，开发小型精品化乡村手工艺品、食品制作及商品销售活动。手工艺品和食品的生产制作过程应作为乡村生活的一部分，既满足其日常生活需求和功能，又自然而然地成为独具地方特色的旅游商品之一。

同时，以种养殖为基础，不断拓展农业产业新功能。建设集观光、休闲为一体的农业园，发展体验性农业，发挥其科技示范、农业观光、种植、采摘、野外品尝等功能。开发户外体验活动，提供导游服务，带领游客游览自然景色。打造森林旅游步行线路，开发户外体验产品，如自然探秘、溯溪、定向越野、露营、骑行等。通过环境探险活动，在休闲娱乐的同时获得丰富的自然生态知识和历史文化知识，树立环保意识，自觉保护乡村旅游的资源和环境。

3.重视人才培育，强化基层党建

在乡村振兴战略中，人才振兴、组织振兴也是关键。除了上述借助城乡交通建设吸引都市人群以外，乡村振兴更要注重加强自身的人力资源建设。聚人气、能传承、有后劲，是当前乡村文化建设乃至整体振兴的关键之一。实施乡村人才培育计划，加强乡村人力资源开发和建设，重在重建乡村知识阶层，培育精英资源，充实乡村精英力量。

一是加强知识技能培训，着力提升本地农民素质。以"培养造就一大批有文化、懂技术、会经营的新型农民"为目标，建立政府主导、部门协作、统筹安排、产业带动的农民培训机制,提高生产技能和经营管理培训的针对性和实效性,培养适应现代农业发展、扎根乡村、有乡土情怀的新农民。二是加强思想道德建设,以文化人培育乡贤文化。以社会主义核心价值观为引领,弘扬乡贤精神,从农业生产能手、经营能人、乡村能工巧匠、乡村教师、乡村医疗卫生人员、乡村科技服务人员、乡村文化工作人员等以专长建设乡村、改善民生的优秀人物中,发现和树立现代乡贤典型,发挥示范和带动作用。三是吸引新乡贤反哺,鼓励大学生村官、优秀基层干部、成功企业家、退休返乡干部、教师、工人和返乡创业农民工以及热心乡村公益事业的各方社会贤达投身乡村建设,推动人才回乡、企业回迁、资金回流、信息回传,使优秀资源回到乡村、惠及乡村。

同时,要强化基层党建工作,实施乡村自治、法治、德治的三结合,努力实现组织振兴。当前,浙江省美丽乡村建设大多数呈现地方政府主导、镇村配合、村民参与的格局特征,尽管也出现了一些先进党建村或乡村能人、新乡贤带动乡村建设的现象,但仍然缺乏以村民为主体的乡建模式。从浙派杭派民居1.0版的文村到3.0版的望仙村,以及已经启动建设的5个杭派民居新村、10个杭派民居旧村改造试点,富阳乡村振兴已经积累了由地方政府主导转向村级党建带头、基层民主协商的机制经验,并出现了新乡贤介入现象。若反馈到新时代浙江乡村振兴进程中,未来要强化村级党建领导能力,构建以"党建+村两委+新乡贤"为领头雁的基层乡村治理组织,强调自治、法治、德治相结合,使之成为新一轮乡村振兴的内在动力引擎。

四、乡村振兴的未来展望

1.新科技革命对城乡建设的影响

全球化、信息化是当前城乡建设面临的主要背景。随着大数据时代的来临,智慧城市建设已上升为国家战略,时空信息云平台作为一个汇聚城市各类时空信息的地理信息服务平台,承担着智慧城市建设重要空间信息基础设施的重要任务。随之新智慧城市、城市数据大脑、未来社区等概念更是应运而生,它们通过基丁空间基础库的各类关联数据,形成若干项指标体系,反映出城市生产、交通、生活等各个单元的健康状况,为城市精准治理和科学决策提供相应依据。

其中,城市大脑以互联网为基础设施,利用丰富的城市数据资源,对城市进行全局即时分析,来有效调配公共资源并不断完善社会治理,推动城市的可持续发展。2016年10月,杭州启动了城市数据大脑建设工程,目标在于按照城市学"城市生命体"理论和"互联网+现代治理"思维,创新运用大数据、云计算、人工智能等前沿科技构建一个平台型人工智能中枢。2018年5月,杭州发布了全国首个城市数据大脑规划,计划以2022年亚运会为节点,基本完成城市数据在交通、平安、城管、旅游、医疗、环境等各行业的系统建设,投入实际运行,使之成为支撑城市可持续发展的基础设施，打造智慧亚运及"移动办事之城"。

2018年11月，浙江省在全国范围内率先启动未来社区建设课题研究，并将其写入了省政府工作报告之中，旨在打造围绕城市社区全生活链服务需求，以人本化、生态化、数字化为价值导向，以未来邻里、教育、健康、创业、建筑、交通、能源、物业和治理等九大场景创新为引领的新型城市功能单元，为居民提供安全、舒适、便利的现代化、智慧化生活环境。由此，在新技术革命下，数字技术对城市的良性运转已经产生了全面且巨大的影响。

反观乡村社区，城乡之间的信息化、智慧化建设差距仍较显著，但数据作为一种资源，已愈发表现出强大的时代价值及生命力，数字平台的乡村建设实践也在逐渐展开。2018年淳安下姜村在杭州市规划和自然资源局及淳安县住房和城乡建设局的组织下，利用GIS技术，整合基础测绘和地理信息数据、卫星影像数据、相关规划、人口等数据，打造了"数字下姜"平台，以三维场景展现下姜村及周边地区的景观风貌、地形地势，结合二维属性信息的联动查询，充分利用GIS信息技术优势，发挥数字地理空间数据的效用，促进乡村治理及建设的高效开展。当前"数字下姜"在更好地服务低收入农户增收工作，挖掘增收渠道、提供村内就业岗位的同时，更是建立了推动下姜村联手周边村镇共同发展、探索农村居民收入倍增的新机制。以此为契机，杭州市开展的"数字乡村"试点，在下姜村"数字下姜"基础上，启动"规划下乡，数字出城"专项行动，开展数字乡村之"数字大慈岩"，并已经形成阶段性成果，为本市乡村地区精细化治理提供创新方案。

乡村智慧化营造并非"智慧城市"的简单延伸，一方面，可以通过智慧化建设重塑乡村农业发展模式，促进农业现代化发展。以物联网为依托、大数据为背景，智能分析农业的需求产量、市场需求等；运用电子商务手段，将乡村的农业特产销往世界各地，将地域劣势转化为资源优势，如近年来全国各地兴起的"淘宝村"；企业也可以根据当前消费者的需求变化，对消费者进行个性化服务，有针对性地进行生产加工；消费者也可以深入农作物生产过程中，通过移动互联网检测农作物生长情况，定制自己喜欢的新鲜蔬菜，形成新的产销者形态。

另一方面，乡村智慧化还是提升农民精神文化水平的重要手段，从而有效促进城乡一体化进程。乡村现代化建设可以改善农民收入水平，改变农民生活方式，为农民提供更多受到良好教育的机会，创造接触外界文化的条件，提升农民整体素质水平，促进各类资源的共享发展，为新一轮农村基础设施建设、社会服务一体化、市场网络化、城乡差距缩小创造基础平台。

除此之外，乡村智慧化还可以创新乡村治理方式，通过构建多主体、无障碍的交互共享平台，随时随地开展多终端平台服务，推动村庄各项规划及决策的科学开展、有效监督，促进乡村公共物品的合理供给，激发民众参与的主动性与积极性，并在一定程度上调和各主体间的利益矛盾。由此，在"智慧城市""未来社区"等智能化、数字化建设的大背景下，乡村智慧化建设将是大势所趋，打造"未来乡村"更是迫在眉睫。

2.富阳未来乡村建设展望

由"数字下乡"，打造"智慧乡村"，进而演化为更高层级且内涵更为丰富的"未来乡村"，富阳应尽早付诸实践，走在前列，塑造"未来乡村，富春山居"的新时代乡建品牌。在具体策略上，要充分激发数字技术对乡村建设的积极促进作用，及早破除目前杭州乡村数字技术覆盖率低的局面。在当前大数据环境下，运用物联网、云计算、移动互联网等智能技术，构建与杭州城市大脑相关联的时空云平台的子系统，开展现代化新农村建设，实现未来乡村生活现代化、智能化、科技化目标，成为新时期中国较为领先的未来乡村建设典范。

第一，在规划建设方面，基于富阳乡村营造所取得的良好成效，不断创新乡村规划制度设计，进一步探索规划下乡、数字出城等新领域，坚持规划引领，打造民众、村委、企业、规划师等多主体信息交互平台，把握各方需求所在，做好多方规划精准对接。同时，创新驻村规划师体系，并将新技术进一步引入乡村建设，诸如将技术测绘等作为规划的技术保障等做法，突出智慧技术与生态技术集成应用、现实社会与虚拟社会融为一体，使得乡村空间布局更加集约合理，乡村功能更加综合多样，设施配套更加集成共享，建设运营更加绿色低碳，为村民提供安全、舒适、便利、民主、特色的现代化、智慧化生活方式。

第二，在设施环境方面，富阳需进一步落实绿色、共享、开放等先进理念，以及新一代信息技术的集成应用，加大乡村新型教育、医疗、交通、能源、物流、零售等智慧化综合配套和服务支撑，融网络通信、智能家电、家庭安防、物业服务、社交服务、增值服务等为一体，通过推广智慧化家具配置等手段，有效解决乡村居民点危旧房安全隐患、农居存放需求、出行需求、就医需求、管网缺失及老化、乡村治理等问题。同时，鼓励节能环保的绿色新技术在建筑领域的应用，实现低碳化甚至零碳化，减少污染，保护乡村原真环境，打造便民利民的高品质美丽新乡村。

第三，在产业管理方面，富阳的乡村基础设施、公共服务配套、农业生产、农村生活环境已经得到极大程度的提升与改善，未来要充分利用新技术进一步培育农业产业新业态，推进农业结构性改革，加快土地承包经营权确权登记颁证工作及其数字化监管，对有条件的村落合理发展旅游业，丰富乡村业态，以"互联网+"的理念促进一二三产业融合发展，积极壮大村级集体经济，打造产业互促的愿景，使美丽乡村建设成果持续向美丽经济深度转化，同时提升乡村的人才吸引力，为乡村输入新鲜的血液。

第四，在文化传承方面，富阳乡村建设应扎根本土文化，保留村庄原

始风貌。通过文物数字化技术对各村现存古民宅、古遗存等物质性文物及其他非物质文化遗产进行信息采集、建档、抢救保护及活化，可以建立文物网上展示平台，并开发多种形式衍生品及民俗活动，让更多的人领略富阳乡村厚重的文化底蕴以及建筑文物的深厚价值，从而发挥先进技术在文化遗产保护、研究、传承等领域的重要作用。

综上所述，未来富阳乡村建设应牢固立足新科技革命的时代背景，紧紧把握全国及省市的相关政策及实践走向，积极打造"未来乡村"示范点，不断丰富其建设内涵，构建联结杭城的时空云平台子系统，做到信息共享、共管、共督，为城乡发展决策提供良好的基础依据，促进乡村管理智慧化、乡村生活绿色化、城乡一体化，引领乡村资源向乡村资本的高效转化，打造高端品质、显著特色、美丽环境、发达经济的乡村建设新典范，在全国树立起富阳"未来乡村，富春山居"的乡村智慧化建设新品牌。

富阳乡村营造现场图集 附录A

附录A：富阳乡村营造现场图集

一、洞桥镇文村

图1 文村新居

图2 文村新居街巷

图3　文村鸟瞰

图4　文村沿溪景观

图5　文村鸟瞰图

图6　文村新民居

图7　文村古村落

二、场口镇东梓关村

图8　东梓关村新居

图9　东梓关村新居造型

图10　东梓关村新居庭院

图11　东梓关村新居全景

图12　东梓关村新居鸟瞰

图13　东梓关村新居风貌

图14　东梓关村新居全景

图15　东梓关村老村鸟瞰

图16　东梓关村老村历史建筑

图17　东梓关村雅安堂

三、大源镇望仙村

图18 望仙村新居

图19 望仙村沿滨水新居

图20 望仙村新居街巷

图21　望仙村新居建筑

图22　望仙村新居建筑细节

图23　望仙村新居停车场

图24　望仙村新居宗祠

图25　望仙村新民居项目汇报调研,确定杭派民居总体方案

图26　望仙村以"户均一票"方式,直接选举"杭派民居"建设民主协商工作小组成员

图27　望仙村村民大会，介绍杭派民居项目设计情况

图28　望仙村村民户主大会，协商杭派民居项目事项

图29　望仙村"杭派民居"项目举行开工仪式

图30　望仙村杭派民居项目多轮协商

图31　各级相关领导调研望仙村杭派民居建设

图32　望仙村新民居施工图

图32　望仙村新民居施工图（续）

图33　大源镇领导工作小组会议

图34　望仙村新民居分房现场图

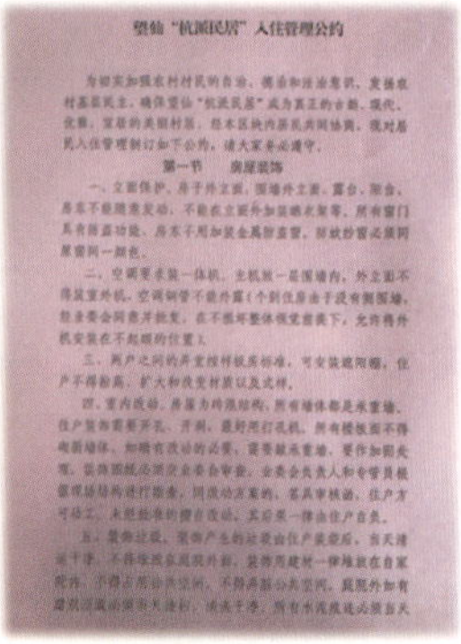

图35　望仙村新民居后期民主管理

四、银湖街道金竺村

图36　金竺村整体鸟瞰

图37　金竺村邻里空间

图38　金竺村入村口

图39 金竺村沿湖实景

图40 金竺村新居街巷

图41 金竺村新居庭院

五、场口镇青江村

图42　青江村沿江景观

图43　青江村新居

图44　青江村新居街巷

六、龙门镇龙门三村

图45　龙门三村新居

图46　龙门三村新居景观节点

图47　龙门三村新居街巷

七、富春街道宵井村

图48　宵井村鸟瞰

图49　宵井村新居

图50　宵井村新居公共空间

图51　宵井村新居

八、渌渚镇阆坞村

图52　阆坞村整体效果图

图53　阆坞村沿江效果图

图54　阆坞村秋景效果图

图55　阆坞村小透视

图56　阆坞村街景效果图

图57　阆坞村效果图

九、常安镇横槎村

图58 横槎村鸟瞰

图59 横槎村中心透视

图60　横槎村小鸟瞰

图61　横槎村单体透视

图62　横槎村沿溪透视

富阳乡村振兴访谈记录

关于场口镇东梓关村的访谈记录
关于洞桥镇文村的访谈记录
关于大源镇望仙村的访谈记录

附录B：富阳乡村振兴访谈记录

在杭州市规划和自然资源局富阳分局牵头组织下,召集富阳区大源、场口、洞桥三个镇规划建设单位工作人员开展了座谈会,旨在从自上而下的角度深入理解新民居项目的开展情况、现实困境及实施意义。同时,在走访乡村营造现场过程中,与各村村委进行了面对面访谈,旨在获取有关本地社会人口结构、经济产业、资本投入、相关政策扶持等方面的数据信息,以及村庄领导者对于村庄未来发展的设想与安排。

其中,场口镇东梓关村杭派民居建设,其成功之处是能够将作为村庄公共空间的老房子收归集体所有,通过重新规划设计与建设,在营造出来的新公共空间中注入新业态,并与形态优美的新建回迁农居形成相对一致的建筑组群,且能够融合东梓关村老镇区景观风貌,由此引入了一些创意旅游文化主题,如设计小镇、颐养小镇等,最终推动东梓关村杭派民居成为闻名全国的网红村。

针对洞桥镇文村新民居建设,从访谈中梳理出四个关键要点:一是浙江省前期开展的"三改一拆"(即旧住宅区、旧厂区、城中村的改造和拆除违法建筑)大行动,为美丽新民居建设腾出了空间、打好了基础;二是著名建筑师王澍的精心设计和社会效应;三是两家民营企业的倾力资助;四是数个自然村宅基地的拆整、复垦,置换出建设用地,保证了新民居的落地。

关于大源镇望仙村的杭派民居建设,从访谈中我们了解到,其最关键的一个环节是新乡贤的重要推动作用,以新乡贤(走出村庄之后拥有一定社会地位的人士)作为村庄建设的发起人和带头人,鼓励村民参与到村庄建设中来。以村民为建设主体,自发成立管理小组对整个建设过程进行了监督和管理,让村民自觉参与成为杭派民居建设的造血细胞。

以下是2018年针对三个村庄的具体访谈内容。

关于场口镇东梓关村的访谈记录

1.杭州市富阳区场口镇城建办公室管理人员的访谈

课题调研组: 您好,请您先介绍一下东梓关村杭派民居的建设过程。

场口镇城建办公室: 东梓关村是2015-2016年建成的,其间开展过一些针对项目工程建设的调研、座谈会等,属于地方政府、村级组织和建筑师的用心之作。其建设过程与文村有所不同,它是由村委会统一公开招标,施工单位统一建造的。首先,对新民居有需求的农户预交20万元的建造费,然后由村委会出面公开招标,进行统一建造、安全施工。在项目建成后,新民居像商品房一样交付,交付当中统一结算。最后大概是1370元/m²的建造价,按照实际测量的面积进行结算,每个房子为3层,基本面积在360m²左右,建筑面积折合为价格之后,每幢新民居约40多万元。对于这样的建造成本,老百姓还是比较满意的,以抽签的形式分房,户型差不多,位置都很好,老百姓没有抱怨谁的位置不好。

在新民居建设过程中,镇政府主要起到指导、组织以及沟通协调的作用,如土地审批、规划调整等事务均由镇城建办负责。在整个过程中,新民居的公建配套也由镇里负责建设,政府提供大概800多万元的资金。因为东梓关村是杭派民居示范项目,所以市、区两级政府都有相关配套补贴,主要用在民居的公建配套上,例如道路、绿化、水电等方面。所以,在新民居公建配套上,农户不用出钱,他们也是直接的受益者,仅出自己房子的建造成本,即整个围墙内的由自己支出,围墙外的都是由政府进行配套。

另外,镇政府专门组织一个工作队到村里开展项目服务,协助指导整个杭派民居的建设,很多事务性工作都是由镇里直接承担。例如,规划、一书两证等需要镇里和区里相关部门沟通协调;房屋审批是乡镇的职权也是乡镇的责任;所有有关东梓关村用地方面的调整都是由乡镇发起,然后和各上级部门对接,比如说我们这个村庄规划是与原规划局对接,土地调整与原国土局对接等。

在东梓关村新民居的布局上,每幢新民居基本都有天井,天井不算面积,用地面积相较更大,因为有后院、天井、前院,三个部分加起来肯定要比其他村单独的一个前院大。因此,东梓关村杭派民居在节约用地上还要下很大工夫,再加上公建配套(道路)等,实际上合计占地还是比较大的,其最大缺憾也还是用地不够集约,未来需要进行弥补。

课题调研组:在富阳区政府层面,各个部门机构的协同机制如何?

场口镇城建办公室:当时文村的浙派民居建设有专门的建设领导小组,经常集中开一些会议,而望仙村能搞得好主要得益于一位新乡贤的积极推动,他比较熟悉各个地方政府机构部门,能够自发地进行沟通联系。无论是文村、望仙村,还是东梓关村,这几个建设项目是有共同点的,即项目定位都很高,各级政府部门都比较重视。其中,东梓关村的资源禀赋在13个杭派民居示范点中是最好的,它处于《富春山居图》实景地最漂亮的一段,目前知名度是有了,未来乡村振兴的关键在于业态的提升发展。

从东梓关村新民居的建设成效来看,也存在少许缺点和遗憾。例如,村民对新民居的很多装潢破坏了原有的东西,有点儿失控,很多原先设计的意象没有保护好。同时,还有一个新老居住区过渡转接的空间节点——乡村书屋还没建造完成,乡村书屋是整个建设中画龙点睛的重要部分。除此之外,杭派民居中传统的"井"要素以及一些人文方面的设计还没有到位。总体来说,新民居设计还是比较用心的,但是施工质量有所打折,这与其建造成本较低有一定的关系,而其他新民居试点如望仙村较好(村民民主协商作用较大),文村也不错(建设成本较高)。

课题调研组: 在新民居院落设计上,您认为天井应不应该取消?

场口镇城建办公室: 天井在房屋设计上可以说是历史古建筑的一种延续,这个做法是比较好的,但是从集约用地来说又存在着矛盾。我认为留还是要留的,怎么留、留多少还需要深入探讨。东梓关村的房子舒适性和采光度是其他村房屋不能比拟的,绝对是好的,因为有前院,这个房子舒适性更强,天井也是好的,但希望在空间组合上可以做到再集约一点。例如,东梓关村建筑密度比较低,用地效率确实低了一些,估计每个房子面积相比别的村要多$10m^2$左右,主要是在天井、后院上增加了一些用地面积。

课题调研组: 东梓关村新民居建成后还有哪些问题或者不足之处?

场口镇城建办公室: 主要有以下几个方面,一是老百姓反映停车存在问题,由于停车位统一集中设置在小区外面,露天性质,无法开到家,家中未设置车库,但设置有杂物间。二是在美观层面上,人文历史元素的挖掘还不足。三是公共绿化欠缺,之前可能是考虑到养护难度大、花费高,就减少了公共绿化面积,而硬化地更多。四是土地还不够集约,屋顶晾晒的实用性不足,百姓要求搭建阳光房,露台的布置需要考虑。但总体而言,东梓关村新民居设计还是较为成功的,美感度也不错。

课题调研组: 针对新老村建筑资源的整合利用,不知有哪些考虑?

场口镇城建办公室: 实际上当前的旧村用地是经过整合的。老房子集体收回来有17幢,正在进行总体整修,计划打包出租,目前也正在思考这一问题。收回的古建筑主要用于民宿、咖啡厅、书吧等用途,社会资本如浙旅集团目前比较看好,也经过多次对接,希望前来开发。

课题调研组: 对于村庄未来有什么规划?继设计小镇的构思后还有什么设想?

场口镇城建办公室: 之前将东梓关村定位于设计小镇,但目前定位有所改变,如引进浙旅集团后更加注重休闲颐养小镇的功能挖掘。但两种功能都在发挥作用,例如,有搞古建的人在和村里谈想租一个作为古建研究工作室。原先想把设计作为旅游的元素来培育,从老百姓角度考虑,有了人气才有三产,旅游需要主题,因此选了设计这个要素,雅俗共赏,受众比较大。原先预想有五六个设计院聚集在这里,各地规划师及师生都会来,加之与机场的可达性好,可以开发成一个设计超市,甲方会来这里寻找最适合的设计单位。等培养出大IP,每天几千个人,这些人的消费由东梓关村的民众来撑起来,这样就能够带动民宿、餐饮、休闲等乡村服务业发展。然而,由于区、镇的主导性太强,村级话语性较弱,自主性还不够,会导致村发展方向不断改变,进而影响资源的合理配置,未来还是需要提升村级组织自主性和加强市场力量引入。

2.东梓关村村委书记的访谈

课题调研组：村支书您好，请您先介绍一下东梓关村新民居建设的基本情况。

东梓关村委书记：东梓关村庄改造是由场口镇领导牵头的，主要是以场口镇的农办部门为主。新民居建设及旧村改造时间是从2015年至今，建设主体是东梓关村的村委会。主要是上级政府出资补贴为主，投资较多，施工方是公开招标，基础设施也是由上级政府配建。居民对新建住房基本满意，在户型设计上，除了对晾晒方面还有更高的要求，如增加阳光房，其他方面都较为满意。目前，村庄基础设施和公共服务设施都相对完善，村庄老区块还需要拆整，由于东梓关村属于集镇，也在省市小城镇建设项目中（安排资金1092万元，综合整治正在实施）。

课题调研组：东梓关村集体经济如何，村里的工厂是村集体的吗，村民收入如何？

东梓关村委书记：村庄产业以传统产业为主，居民收入以工厂上班为主，年纪较大的还在务农。村里的工厂不是村集体的，是私人（村民）所有，一个做进水器零部件，另一个是信达工具（农耕用的工具）。两个企业收入每年都在2000万元以上，村民务工的收入大概是每月3000元左右。其中，进水器厂大概有200多个工人，信达工具大概有60人，都是以本村村民为主。

课题调研组：您对东梓关村成为网红村有什么感想或设想？

东梓关村委书记：东梓关村在成为网红村后，带来了一定的观光游客量，近期开始吸引酒店（开元旅业集团）民宿等服务设施，增加了基础设施配套后劲，后期将着力进行旅游开发，带动民宿产业的发展。目前，村庄民宿大概有七八家，有一家较大的位于江边（梓缘民宿），是私人老板开办。饭店大概有四五家，村口三家，内部一家，再加上梓缘也提供餐饮服务。至于民宿收入还没有统计过，因为还没有发展到这个阶段，江边的梓缘民宿收入较好些。

课题调研组：村里有哪些集体经济收入，边上的房子都收回来了，出租了吗？村里的两家企业是否有污染，是否考虑过搬迁？

东梓关村委书记：村庄还没有集体经济的收入。房子是收回来了，但没有出租。两家企业基本上没有污染，而且处于东梓关村的外围，对村子的发展影响不大，近期没有搬迁的考虑。从村民个人收入来看，场口镇里农民的年平均收入大概是26000元，东梓关村应该也不会低于这个水平。

课题调研组：根据问卷调查的情况，村子里的土地大部分都流转了，大概流转了多少土地，都是什么用途呢？

东梓关村委书记：村庄土地大概流转了40%~50%，包给一些村民进行规模性的养鱼、种荷花或者进行一些红糖原料的生产（种甘蔗），其他一小部分是老年人自己耕种。村庄种植业的收入不多，主要是一些反季节农业作物，以大棚蔬菜为主。村庄每家每户的土地测量登记工作基本上都进行完毕了，还有一些文件上的小问题正在积极解决中。

课题调研组：浙江义乌那边的土地基本上都流转收回，并进行统一的规划建设，不知道东梓关村是否有这些方面的考虑？

东梓关村委书记：我们考虑过土地整体流转并统一规划，由第三方出资（如旅游集团）进行整体规划设计。也曾考虑过成立村级股份制公司，村民土地入股进行开发经营，但由于经济、人气等各方面的原因还不成熟，也没有具体实施。目前感觉虽然东梓关村旅游人数较多，但是没有足够的配套设施将游客留下来，今后会先进行一些旅游开发和相关配套设施建设。

课题调研组：村里的老房换新房是怎样进行的，还有多少栋老建筑，房屋改造情况如何？

东梓关村委书记：村庄老房换新房是按照一户一基，土地置换，老房子按照300元/m²进行收购。村里老建筑大概有百来幢，17幢差不多完成改造，基本上都在使用，用于展示厅等文化建筑为主，其中，富春江边的梓缘民宿是由供销社改造来的。

课题调研组：村子新民居里的居民是否全部入住了？新建的房子地基原先是谁的地基，回收时大概多少钱一亩？新民居的住房户型是每户120m²，这个是按村民的户口还是其他标准设置？

东梓关村委书记：新民居的村民基本上都住进去了，大概完成了七八成入住率，还没入住的村民基本上是未完成装修或者在外地做生意。新民居建设用的是农户的地基，政府从原来的农户手里回收，大概是每亩4万5的补偿标准，补偿资金直接发还给村民，村集体不留。至于新民居的户型面积是按户口来的，国家有控制，每户不能超过120m²。

课题调研组：村庄整体人均住房面积是否有过统计？村子里空置的房子大概有多少？

东梓关村委书记：目前没有详细的统计，人均住房面积大概是40~50m²。由于很多年轻人在外打工或者做生意，村里房屋大概有30%的闲置率。

课题调研组：平时村里各项事务支出的费用是从哪里来的？村庄的绿化、广场以及一些公共设施维护费一年大概要多少费用？在村庄的建设过程中，村委主要扮演着什么样的角色？

东梓关村委书记：村子里大大小小各项收入每年大概只有10万元，主要是村里承包的项目以及店铺出租的收入，政府也有一小部分的补贴。例如，仅各类公共设施维护费每年大概支出20万~30万元，村子里基本上入不敷出。在村庄建设过程中，村委主要负责协调新村建设和老区块拆整的工作，也参加项目工程的管理，以及项目后期工程的维护、村庄绿化等事务。

课题调研组：村子里的宣传是谁做的？平时村里举办的活动多吗？

东梓关村委书记：村庄有一个微信群，村委书记牵头的，信息都在其中互通交流。每年村庄大概有一两次大规模的活动，未来可能会更多些。

课题调研组：村庄环境卫生是请保洁公司做的，还是其他方式？

东梓关村委书记：以前是村委亲力亲为，以后的话打算请外面的公司进行专门的管理。目前公厕有四五个，需要统一标准化打扫管理。

课题调研组：村里有没有资源循环利用之类的设施？

东梓关村委书记：太阳能这些在这个村里没有推广，若是用上太阳能设备，村里的航拍效果会受到一定程度的影响。

课题调研组：村里对于建立一个有效的可持续的乡村建设机制有哪些方面的探索？未来是否计划将目前这种自上而下开展村庄建设的模式转换为更具活力和动力的自下而上的发展模式？

东梓关村委书记：总体来看，东梓关村的定位是旅游休闲颐养小镇，在基础设施配套等方面也有一定的基础，未来如何借助杭派民居建设和网红村的社会宣传效应，进一步提升发展层次，将是村庄及镇里都需要考虑的问题。至于乡村的发展动力机制，我们正在积极引入社会资本，如开元旅业集团，由集团进行分期投入建设，近期主要是增加酒店等服务设施，不断完善公共及旅游服务的相关配套设施，后期再通过进一步发展旅游业来带动东梓关村的民宿产业。同时，借助东梓关村骨科名医张大夫的宣传，建造一个主打颐养的医疗分院，以集聚东梓关村的人气。最终能够将东梓关村打造成为一个集休闲、旅游、康养服务为一体的富春江畔颐养小镇。

关于洞桥镇文村的访谈记录

文村村委书记的访谈

课题调研组：村支书您好，请您先介绍一下文村自然村的基本情况。

文村村委书记：文村自然村总人数400多人，共80余户，村里以老人为主，年轻人房屋建在自然村外围的比较多。从大文村范围来说，共有560户人家，但现在好多已经迁出了，总人口1860人，常住人口约占一半，村里空置的房子不多。

村里耕地面积约1200亩，均分给村民。目前土地存在流转，有人来承包，通过村里流转过来，再承包出去，流转的耕地约有100亩，差不多10%的比例。流转的土地一部分是农业企业进行开发，还有一部分是村里自己开发。其中，有　家承包公司尚未确定具体项目，目前是在种植一些古树，还有一家公司今年刚开始种药材。村里的不动产登记正在进行中，数据尚未出来。

村里有好几家民宿，主要是外面来的投资公司。原先村里就有个人承包的民宿叫天井上，规模还算比较大，有几十个房间。另外，村里也有5、6家在开民宿，民宿价格150~1000元/天不等，老百姓自己装修的民宿一般是每天四五百元。外地客人一般都在周五、周六来，周日就没什么客人了，住宿也是周五周六为主。客人主要来自于杭州、上海,平时游客比较少,但周五、周六房间基本住满,节假日还有很多人没地方住。

村里建新民居用地9亩多,土地是村里按市场价格购置的,并加上当年地上的经济作物补偿,按照作物的市场价格进行赔偿。

文村有3个工厂,年收入从一二十万元到一百多万元,未来将会搬出,目前村里老百姓收入主要来源于工厂(五金加工)上班,一个工厂10个人左右,整个大村范围有20多个工厂。另外,我本人经营的民宿包含餐饮一年收入十来万,民宿天井上的收入可能一年有100多万。村里还有养蚕,一张蚕种可以卖两千多,村民赚1000多块,目前养蚕的都是60岁左右的老人。

课题调研组: 您能否谈谈本村在美丽宜居示范村方面的建设情况?

文村村委书记: 2014年浙江省开展美丽宜居村庄建设,文村被确定为首批省级综合试点村,邀请了中国美术学院王澍老师担纲设计。原先按村里计划这些试点村用地只能建15套房子,后来设计为24套。村里的老房子交给专业的评估师进行评估计算,可作为购置新居的抵扣,新居建成成本约3500元/m²,受地方政府补贴让利后交给百姓时差不多为1500元/m²,村民拿出一二十万元钱就可以置换一个新房子。但建房以及道路等整个建设工程投入约为5000万元,是上级政府多个项目补贴合计而来的。

在文村建设过程中,设计师直接和施工单位对接,工贸公司负责设计费,这个项目得了钱江杯建筑奖第一名。在基础设施配置方面,目前整个村生活污水都纳管了,进行集中处理;环境卫生也是专门的环卫工人(近20余人)负责,如垃圾分类,由专门人员去每家每户收集处理垃圾。同时,村里实现了自来水全覆盖,都是村里的山水,由两个人负责管理,但需要村里倒贴工资、维护费等。

新民居的建造材料都是村里的,使用当地的石材、黄土来建造。新民居建设差不多用了一年时间,2014年7月开工,毛坯房建造耗时约一年,王澍老师的设计也差不多用了一年。

课题调研组: 村民是否支持新村建设?新建房屋村民居住后是否觉得满意?

文村村委书记: 刚开始时开展村民动员工作比较困难,老百姓不喜欢这个设计,也不了解这个新房子的积极意义和使用价值,他们更偏向于别墅式的农村住房。后来有14户搬入新居,其中有几户进行了立面改造,也有的老百姓把自己的房子内部进行了装修,做起了民宿。随着时间的推移,村民逐渐发现了新居的经济价值,越来越多的居民希望可以继续建二期工程,能够重新住上新居。所以,目前村里也在积极向上级部门申请可以继续开展这个项目,也基本确定继续改造。

当时设计师的初衷是改造这个村庄而非大拆大建,希望保留各个年代的建筑,把有历史文化价值的房子都保护起来。所以,文村新居所在土地原先是没有房子的,本打算建设新农居点,后来就形成了这14幢浙派民居,其所在的延续方向还保留着传统旧民居,目前有的是拆掉重建,有的是立面改造的，主要是廊桥以东，有8套房屋是20世纪八九十年代的房子拆了重建的。

课题调研组：村集体收入情况如何？主要来源哪些方面？主要用途又是哪些？

文村村委书记：村里没有什么集体收入，一年不到10万元，属于富阳区经济薄弱村。一些建设基金主要来源于宅基地复垦，以及其他申请的一些项目。集体经济收入无法满足开销，村里的集体事情和公共事业一年开销约100万元，比如路灯亮化工程的电费一年就要6万元左右，其他公共支出如美丽乡村、庭园改造的卫生支出，虽然上级领导部门有一定补贴，但还是要几十万元；还有给老年人、困难户及突发事情等方面的慰问支出；像山区发大水造成的损失等，也都要村里去维修维护，一次洪涝造成的公共损失起码要10万元。

课题调研组：能介绍下村里的建房情况吗？村里的历史建筑维护如何？

文村村委书记：从1991年起村民宅基地就开始控制面积了，当时可以建到每户140m²，现在最大是120 m²，超标就要拆除。村里农危房今年改了4户人家，镇里出资改造，主要针对建房困难户，房屋进行加固修复，花了十几万元。村里差不多每年都会给困难户补助，非困难户无补助。至于村庄的历史建筑，明清时期以前的建筑有30多幢，其中10幢已经被村里收购，若要买新房需要审批，老房子卖给村里，村里按照"三改一拆"补钱，宅基地也可以补，目前村里房子共有80余幢。如果是自己找的宅基地，这个地可以批建的，老房子直接卖给村里就好了；如果自己找不到宅基地，由村里给找宅基地，那么这个宅基地的钱需要村民出，以购买这块新宅基地。

课题调研组：村庄的历史建筑是怎么考虑安排的？

文村村委书记：针对历史建筑，目前改造了4幢，接下去会继续改造。村里打算将这些历史建筑打包租给其他公司，主要用于开发民宿和配套产业，如众安集团目前投资意向有30个亿，计划在村内做5个项目，如康养中心、小孩游乐中心等配套设施，并将山脚的坡地进行规划合理使用，目前大规划已完成，在等村里的指标批下来。

课题调研组：新民居的建设主体有哪些？入住新居前后，村民的满意度有所变化吗？

文村村委书记：美丽宜居示范村项目有3个建设主体，其中，民居设计是由中国美术学院团队承担，由工贸集团出资，施工是由富阳的国有企业富春山居集团负责。由于本项目是省市试点项目，投资较大。在新民居建造的时候，老百姓觉得房子不实用，居住条件不符合生活习惯，大家都反对这个项目。但是现在大部分人都希望住新居，如今反而怪政府和村里不给他们继续建造。计划在二期项目中，针对下村进行全改造，并根据村民意愿开展，如今要改就按"三改一拆"的政策走，没有原先的那么多政策补贴了。

课题调研组：本村具有哪些特色文化？村内是否组织集体活动（如民俗表演、文艺创作）来宣扬村庄传统文化？村中是否有能人、工匠、非遗传承人？

文村村委书记：村里经常组织节庆，如端午节文艺汇演，四月十日左右会举办山乡节（看油菜花、映山红等），还有山货节（腊月二十七八），大家将山货土货拿出来卖，主要通过网络线上宣传，来的人比较多，会买一些新鲜的牛肉猪肉等。村庄的历史名人不多，家谱上有一些当过宰相官宦的人，如有唐朝状元的外婆家是本村的，沈括也算是本村祖先，村里还曾有一个巡抚，其夫人为一品夫人，但村里并没有围绕这些做文章。

村里有民宿党支部，整个洞桥镇的民宿党员会交流开民宿的经验，一两个月开一次交流会，如果需要办活动就会更频繁的开会。目前文村的民宿在镇里是最好的。村庄的文化礼堂建于1960年代，属于多个村共用，礼堂里的栋梁都取自村内的大树。

课题调研组：文村对建立一个有效的乡村可持续发展机制有过哪方面的探索？未来又有哪些计划？

文村村委书记：虽然文村是网红村，但是未来发展的具体措施也说不好。这几年也一直在探索如何将王澍老师作品的功能作用发挥出来，村里也在想如何将乡村产业经济搞上去，毕竟还属于经济薄弱村，村里开始打开思路，思考如何引进外资，使得集体经济能够创收。我们通过考察别的村庄发展，感觉文村的基础不算差，但是集体收入不够硬，还没有跟上其他村，上个月考察后我们也一直在讨论这个问题。

比如老房子收下来后一直放着，没有产生经济效益，同时还要去维修。村里要思考如何让别人来经营，比如开个书店、手工店等，目前有公司正在考虑投资运营，众安集团也有此打算。同时，邻村有个青少年活动营地，希望和文村建立合作关系，那些来参加培训的家长和小孩的食宿可以在文村进行，开展双赢合作。我们计划通过多种渠道将村集体经济搞上去，村庄也在创建3A级景区，村里的集体资源也要开发起来，例如特色文化挖掘等。同时，促进村庄的网络宣传，将外面的客人建成一个群，推销村里的土货特产，将来为老百姓创收的事情应该会逐步铺开。

关于大源镇望仙村的访谈记录

1.大源镇城建办公室管理人员的访谈

课题调研组：您好，请先介绍一下望仙村新民居建设的基本情况。

大源镇城建办公室：针对大源镇望仙村这个项目，原区规划局无论是从设计、规划，还是资金引入等各方面都出了非常多的力。这在我们镇里面、村里面，大家都是非常感谢的。

望仙村位于杭千高速灵桥入口大约2km处，交通便捷，区位条件好。村庄四面环水，但相对于文村、东梓关村的自然山水条件，该村的地理位置似乎又不是非常好。望仙自然村大约有850人。之前村里经济不发达,村民以编织草包为经济来源,在20世纪七八十年代有村民外出到上海从事电梯生意。由于村庄周围都是永久农业用地,住宅无法向外建设,制约了村庄的发展,在改革开放时期有大量的村民到了大源镇上建房和办厂,剩下的村民留在了村中。

2015年在村里的一位新乡贤(曾在富阳区政府相关部门任职)带领下,由7个生产组每组派出一个代表,成立 "杭派民居"建设管理小组。村民对此事也十分重视,大家踊跃参与管理小组代表的选举。在民主协商管理小组成立后,诸如征地、用地协调、资金管理、建房材料采购等工作,都交由该小组一手完成。在新民居的建设过程中,村庄组织占据了主导性的地位,管理小组的分工明确,每个人各司其职,财务上也公开清晰。

镇政府相关机构在新村建设当中主要起到协调以及承上启下的作用,在报批方面也有代理机构。望仙村的那位新乡贤在和其他各级部门的协调中发挥了非常大的作用,因为这个主心骨的存在,望仙村的建设发展才能一直坚定不移地走下去。如果没有这个民主协商管理小组,村庄建设全部交由镇政府来管理,由于规划可能存在多变性,新民居建设可能无法达到理想的效果。同时,村庄的发展治理也得益于这位新乡贤,如果没有这个人,建设管理难以实施,该村也难以形成一套有效的乡村治理体系。

在望仙村最初的建设中,村里拿到了10亩地的用地指标,后来又逐渐扩大到了40亩。在对村内的土地进行梳理后,村内剩余的土地不多,每个人大约有两厘地(13m²)用来种植蔬菜。望仙村的 "杭派民居"共有9个户型,建设成本大约为1380元/m²,外墙如果是石头加收14万元,外墙为粉刷则收取7万元。村民的老房子可以抵相应的面积,若没有老房子则要收取8万元的地基费,可以说新房子还是比较实惠的。村里的老房子都收到了一起进行统一管理,在村庄的基础设施建设方面,则是由地方政府投入了几千万元的建设费用。

课题调研组: 望仙村新民居项目还存在哪些不足之处?

大源镇城建办公室: 该项目还是存在不少问题的,如在房屋的设计上没有考虑到杂物的堆放问题,现在村民的杂物还是堆放在老房子当中,若未来老房子重新投入使用,有可能造成新建区块的环境变差;村民的晾衣也存在问题,很多村民都自建了阳光房;也有很多村民感觉三楼的楼层高度过低。在公共设施布局上,村民认为在村庄内应当建立一个公共停车场,村庄的出入口设计也存在一定的问题。在村庄整体空间结构上,新村和老村的融合性较差,接下来若有新的项目建设,应当注意新村和老村的有机结合。另外,村里的业态相对单一,发展潜力没有挖掘,可利用的资源也较少,无法像文村或东梓关村那样,可以吸引大量的游客。

课题调研组: 针对村庄产业发展是否有相关规划?

大源镇城建办公室: 原富阳区规划局已经为望仙村的业态发展提出了很多建议,例如,大力发展元书纸产业,或者依托村内做实业的能人,发展中草药膏方产业。在生态治理上，村内的生态还没有得到很好恢复，溪流较浅，且溪里的生物不多，改渠工程和富春江的挖沙是最主要的影响因素，这还需要积极提升整个富阳的生态环境。

2.望仙村村委书记的访谈

课题调研组：村庄的集体收入一年大概有多少？

望仙村村委书记：村集体年收入大概在60~100万元。

课题调研组：对村里的老建筑和危房还在进行拆除吗？

望仙村村委书记：现在都停止了拆除，村里的老房子通过杭派民居项目进行了收回。现在江南片的改造也在进行当中，如果有机会的话，我们也希望能够借着杭派二期、三期开始建设改造。望仙村及其周边算是富阳率先富裕起来的地方，但是过早的粗放式增长也限制了当前的新发展。只有通过拆除进行有机更新，如江南片区的有机更新，我们村才有可能进一步继续发展。

课题调研组：杭派民居项目开展情况能否介绍下？

望仙村村委书记：这个项目属于新民居试点，上级政府投入资金较多，主要是由绿城集团进行设计，并由大同集团进行施工建设。村里的群众参与这个项目要进行报名，报名后经过审核才能正式参加，最后共有73户居民参与了这个项目。开始的时候这个项目主要是针对村里的无房户和建房困难户，这里的无房户是当年搬到了大源镇上，但是户口还在村里的人；而建房困难户不是没有钱建设房子的人，而是因为村里没有建设用地，家里人口又多需要建房的人。因为村子的发展比较早，20世纪80年代就建设了三层高的房屋，村里的土地就很少了。刚好通过这个项目建设，我们对村里的土地重新梳理，确定了41户要进行拆迁，剩下的都是无房户。由于现在江南片也停止建批，项目一期完成后就没再继续进行。

课题调研组：新民居房子的价格如何？

望仙村村委书记：当年村民购买房子的价格是1380元/m²，主要支付的还是毛坯房和窗户的价格，这个房子的窗户是用了两层的钢化玻璃，所以成本比较高。但从总体上来看，这个价格还是比较便宜的，庭院和围墙的钱都已经包括在里面，但是房子里面的装修还是需要每个人自己花钱解决的。其中，41户居民是有房子的，老房子面积可以相抵，老房子如果没有120m²，多余的面积要花钱补上，如果大于120m²就按120 m²来计算，村里也不会进行补偿。如果是无房户，还需要额外缴纳8万元的地基费和30万元的赞助费。

课题调研组：能否介绍下村里的土地流转情况？

望仙村村委书记：由于靠近大源镇区，早先通过土地大流转，现在村里的土地都在村集体手里。有40亩土地用在了杭派民居这个项目，其他土地交给别人承包，剩下的土地就分给了村民，每户分到三分地（0.3亩），平时用来种种地。通过杭派民居项目建设，村集体也有了700多万元的集体资金，平时我们也对这些资金进行了理财，每年利息用于全村发放口粮款。现在全村大概有980多人，每个人每年大概能分到七八百元。

课题调研组：村庄的杭派民居项目是如何争取到的？

望仙村村委书记：村里的杭派民居项目是从2015年6月开始建设，2017年建成。我们村还是比较幸运的，村里有人在富阳区政府机关任过职，消息相对比较广，他听到有杭派民居试点公开申请这个事，就带领我们村申请到了这个项目。房子建设的钱基本都是村里面自己出的，原区农办为我们的基础设施配套投入了大概千万元资金。

课题调研组：村里的垃圾污水是如何处理的？

望仙村村委书记：我们这里是5个自然村合并成的一个行政村，村里统一把垃圾处理事务外包给了外面的公司。在新民居里还专门请了村里的两个阿姨帮忙处理垃圾。

课题调研组：杭派民居的户型设计当初是如何考虑的？

望仙村村委书记：在新村建设之前，我们去东梓关村参观过，若论村里的环境和建筑的风格，还是东梓关村的比较好。但是如果从建筑的实用性来说，感觉我们村的更好一点，如针对防雨和排水问题，我们的房子都有专门的设计。东梓关村的新民居都有天井，针对这个问题，我们也征求过村民的意见，最后大家决定还是不要天井了。

在民居建设过程中，我们选出了9个人成立民主协商小组，针对户型问题他们做过多次沟通协调。最开始的时候，绿城集团设计了3种户型，我们73户的杭派民居申请住户也在一起开了很多的会议，征求了大家对户型的意见。最后由我们的协商小组和绿城集团进行沟通，将3种户型变成了9种，以满足不同村民的功能需求。另外，新民居庭院的围墙形式是随机的，最后在公证处的公证下抽签决定房子选择。

课题调研组：新民居的村民有堆放杂物的地方吗？

望仙村村委书记：两个房子间的过道就是用来堆放杂物的。因为村子里面的电瓶车比较多，村民也还有很多农具和杂物，如果没有专门的地方堆放杂物，将会影响到村容村貌。这也是我们和绿城进行了协商，最后增加了这个过道的设计。

课题调研组：村里的人口结构如何，平时是否有相关的公共活动？

望仙村村委书记：村里还是主要以老年人为主，年轻人也还是有一些的，很多人就在附近开厂，因为靠近镇区，年轻人的数量要比一般乡村多。至于公共活动，基本上就是一些乒乓球赛和篮球赛，最近我们还参加了富阳的百村篮球赛，其他方面的活动比较少。

课题调研组：您对村庄现状及其未来发展有什么想法？

望仙村村委书记：与东梓关村、文村相比，我们村的老建筑没有多少了，现在对村里的文化也还没有深入挖掘。至于村庄产业问题，我们也询问过村民的想法，有没有想要做民宿之类的，但大多数村民不太想发展旅

游业,还是希望自己住房子,养老什么的。目前,杭派民居一期项目已经停止了,若想要发展二期的话,还是以上级政府通知为准,如果指标能下来,大家会再讨论村子接下来的建设。对于老村是拆还是改,大部分村民还是不希望拆迁,只有小部分人想拆,还有部分村民保持中立。如果不拆的话,以后杭派民居二期就可以开始实施了。

富阳乡村振兴政策供给 附录C

附录C：富阳乡村振兴政策供给

近年来杭州市富阳区坚定不移走"绿水青山就是金山银山"的发展道路，在各个部门的协同合作下着力打造具有"乡土气息、田园风光、区域特色、富阳品牌"的美丽乡村。通过对富阳区原规划局、农办、国土局、财政局等部门所提供的相关政策文件进行梳理，将乡村建设的各项政策按规划建设、产业发展、农民培训、土地利用及资金保障进行分类总结，以期深入了解新时期富阳区乡村振兴的政策供给机制（图1）。

图1　2016年富阳乡村建设政策供给分类框架

（一）规划建设

富春山居·美丽乡村：近年来富阳区紧跟浙江省美丽乡村建设步伐，坚持以打造"望得见山、看得见水、记得住乡愁"的美丽乡村升级版为目标，着力推进中心村、精品村、风情小镇、历史文化村落、精品线路和精品区块建设，美丽乡村建设工作整体进展顺利。

2016年作为"十三五"规划的开局之年，也是进一步推进乡村建设的关键之年，富阳区相关部门依次下发"富春山居、美丽乡村"特色村创建实施意见（试行）（图2）、建设实施意见（图3）以及进一步完善精品线路建设和特色村创建的补充意见（图4）等，以确保富阳乡村建设"又好又快"发展，为描绘好"富裕阳光的富春山居图"提供坚实的政策支撑。

同时，为提高乡村建设质量、评估建设成效，以及更好地激发各建设主体对乡村营造的积极性，富阳区在创建工作中引入项目和资金的竞争性分配方式，通过严格的验收程序确认建设工作是否合格，予以奖惩并采取以奖代补的方式推动项目创建。

富春山居 美丽乡村特色村创建实施

总体目标

2020年底建成100个以上

申报条件

《十二五》期间已实施的精品村、中心村、历史文化村、风情小镇等

美丽乡村精品示范线路建设范围内沿线相关行政村

乡镇（街道）创建积极性高，有激励政策，村基础较好的村

基本完成空心村整治，《三拆一改》成效明显，无违建

建房一户一宅，符合村庄总体规划

特色村提升年度新建项目建设总投资不少于300万元，新创建特色村不少于500万元

建设要求

公共设施配套

违章拆除、空心村整治、道路建设、给水排水工程、电气改造、

长效保洁、垃圾分类、道路管护、庭院美化、线杆整理

污染治理、绿化美化、立面整治、水域保洁、标识标牌、广告清理

设计、产业、人文、景观、生态独特

综合保护古建筑、挖掘传统文化、培育乡风文明

组织机构、规划设计、项目实施严格、资料完善、多元化资金筹措

实施步骤

创建申报

区农办组织竞争性申报、区相关领导审核评定并确定创建村类别：前一年申报未列入者优先纳入下一年

项目实施

每年6/9/11月底区农办会同相关部门对一、二、三目标创建村重新排名，确定以奖代补村（每年不超过20个）

项目验收

300分制，250分以下为创建不合格；采取平时+节点验收方法，由区农办组织综合验收

补助办法（采取竞争性分配方式，由区财政以奖代补）

先完成先补；备案制

验收

合格

得分250～280，按分值补助

得分280～300，按最高额度补助（提升村300万元、新建村500万元）

不合格

整改通过后，资金纳入下一年

取消进度严重滞后村创建计划及补助，挂钩乡镇街道次年创建计划

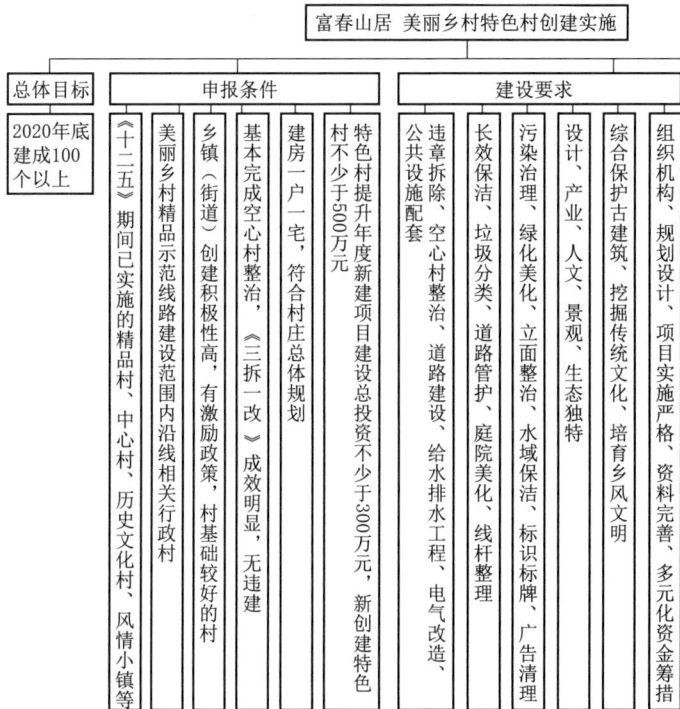

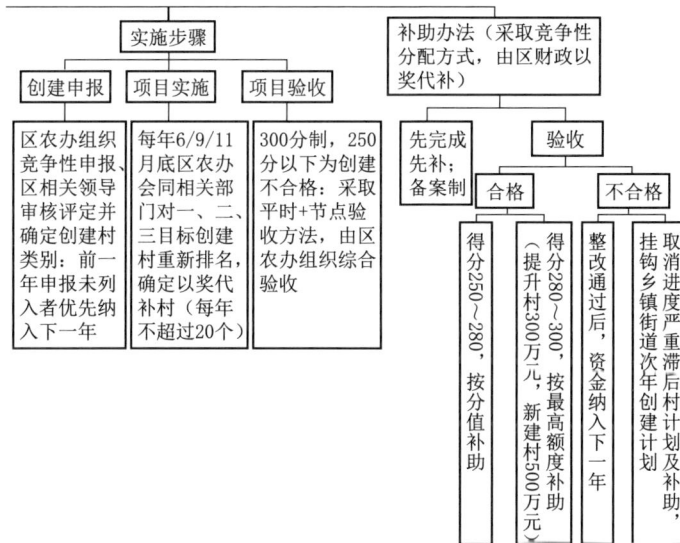

图2 "富春山居 美丽乡村"特色村创建实施意见（试行）框架图

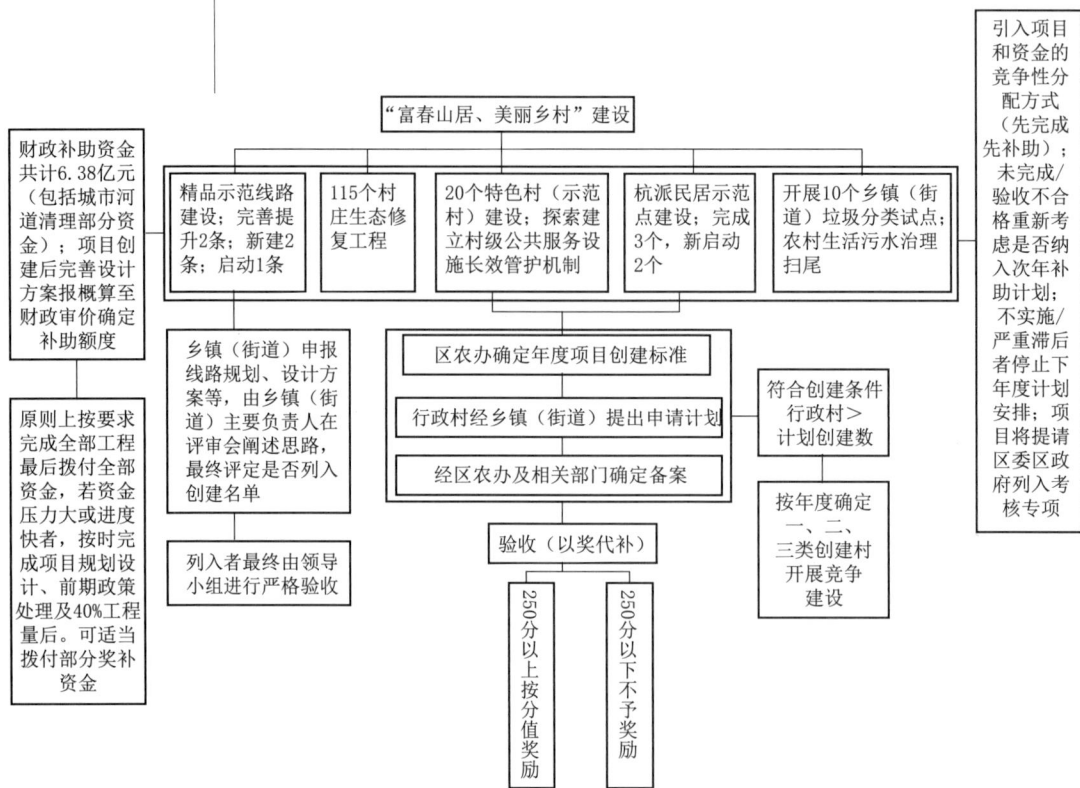

图3　"富春山居　美丽乡村"创建实施意见框架图

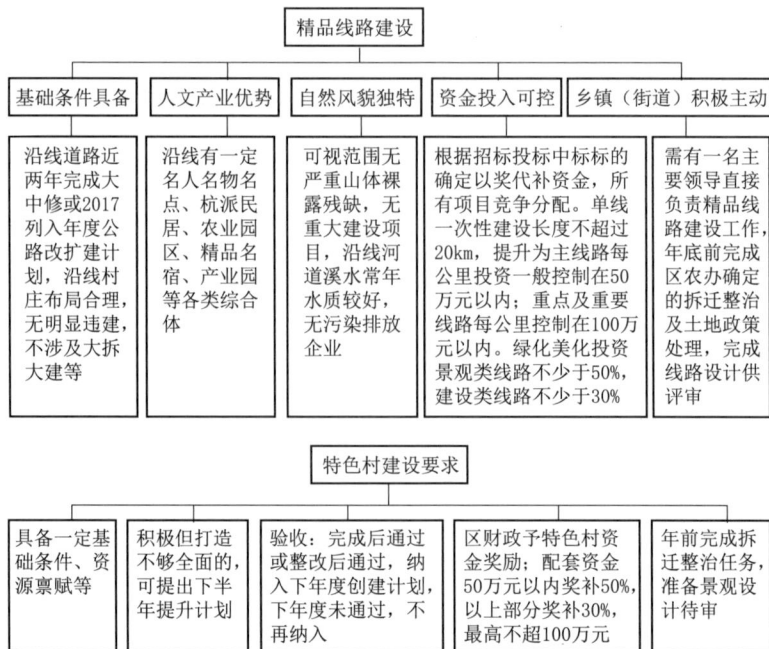

图4　关于进一步完善富阳区精品线路建设、特色村创建工作的补充意见框架图

　　居住环境：为进一步提升富阳区城乡环境质量，优化乡村人居环境，富阳区政府、农办等单位在2016年下发了关于农村生活垃圾分类及减量化资源化处理工作实施意见（图5）、实施细则（试行）（表1），着力建成农村生活垃圾分类投放、收集、运输及处置的管理和运行体系，加快建立集约节约、资源利用、生态处理的农村生活垃圾处理模式，巩固全区美丽乡村建设成果。与此同时，为进一步提升城乡面貌，改善发展环境，促进城乡形态转型，加快推进富裕阳光的国际化大都市新型城区建设，富阳区委制定了关于开展全区城乡环境大提升攻坚行动的实施意见（图6），以"363"行动（三个工程、六大专项行动、三大主题活动）为主要任务开展综合整治。

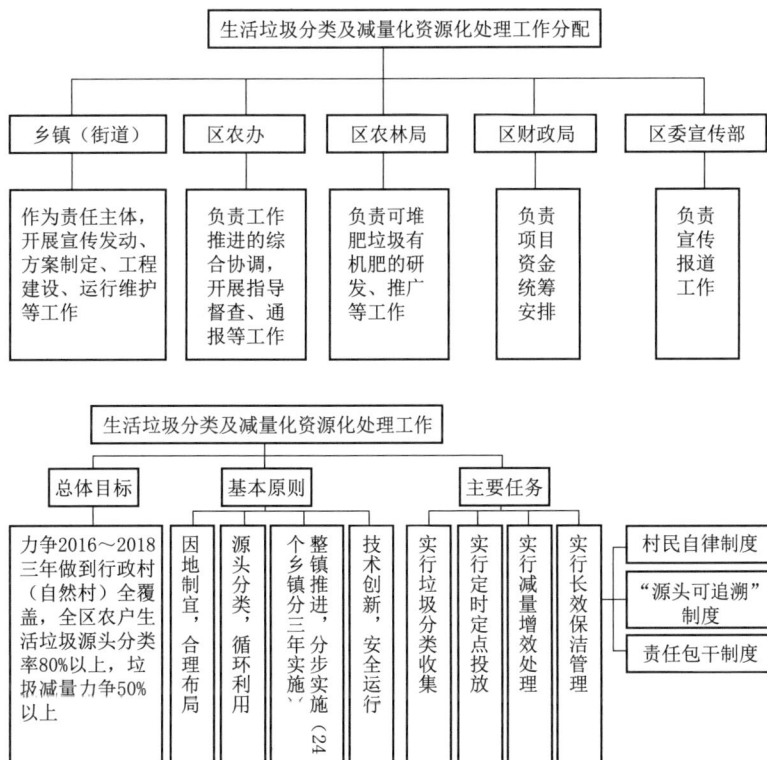

图5　农村生活垃圾分类及减量化资源化处理工作实施意见框架图

富阳区农村生活垃圾分类及减量化资源化处理工作　　表1

实施对象	建设要求	申报	验收
2016年为鹿山街道、春建乡、新桐乡、灵桥镇、里山镇、渔山乡、常绿镇、常安镇、湖源乡、万市镇等10个乡镇（街道）	垃圾分类收集模式；垃圾分类处理模式；垃圾分类基础设施配置	建设申报（区农办组织开展） ↓ 项目立项 ↓ 项目实施	乡镇申请，部门验收（区农办组织专家等组成验收小组） 优秀：180分（含）~200分；良好：170分（含）~180分；较好：160分（含）~170分；合格：150分（含）~160分；150分以下不合格 以奖代补，启动预拨30%奖金，完成后70%，验收后余额

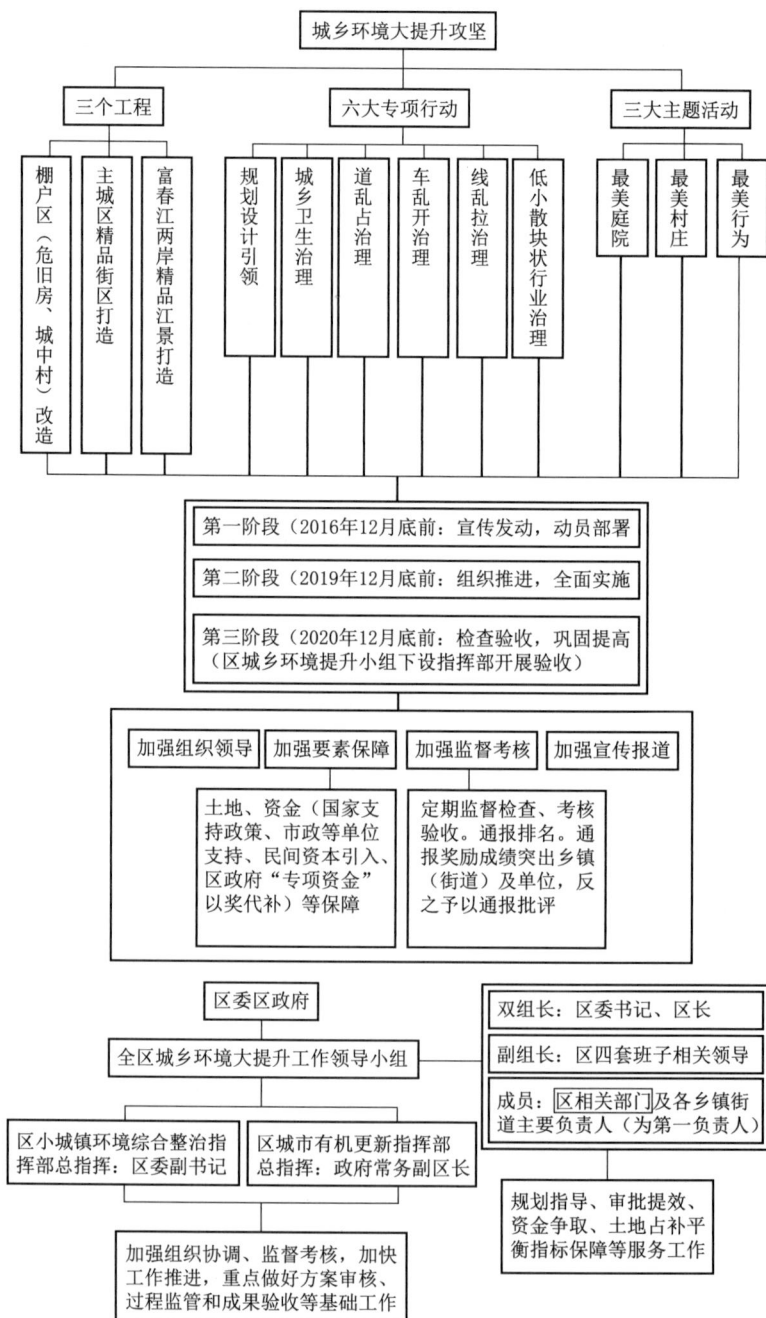

图6 开展全区城乡环境大提升攻坚行动的实施意见框架图

城乡统筹：为推动经济转型升级和城乡统筹发展，富阳区提出加快特色小镇规划建设的实施意见（表2），助力富阳尽早顺应发展新常态，以此深入推进"工业强区"战略的实施。为深化供销合作社和农业生产经营管理体制改革，富阳区针对构建生产、供销、信用"三位一体"农民合作经济组织体系提出实施意见（图7），通过建立区和乡镇（街道）两级农合联、构建新型农村合作金融框架等来加快推动农业现代化和城乡发展一体化。

杭州市富阳区加快特色小镇规划建设实施意见　　表2

总体目标	创建程序	政策措施	组织领导
2020年前争创省、市级以上特色小镇5个以上，一个创建为精品示范小镇	自愿申报研究审核年度考核验收命名	规划引领；强化要素保障（用地支持、项目支持）；政策扶持（扶持与奖励双向互动、探索拓宽融资渠道、制定"一镇一策"）	建立协调机制（工作领导小组，区长任组长）；推进责任落实（创建乡镇（街道、园区）为责任主体）；加强动态监测（定期汇报，考核结果与政策兑现挂钩）；加大宣传力度

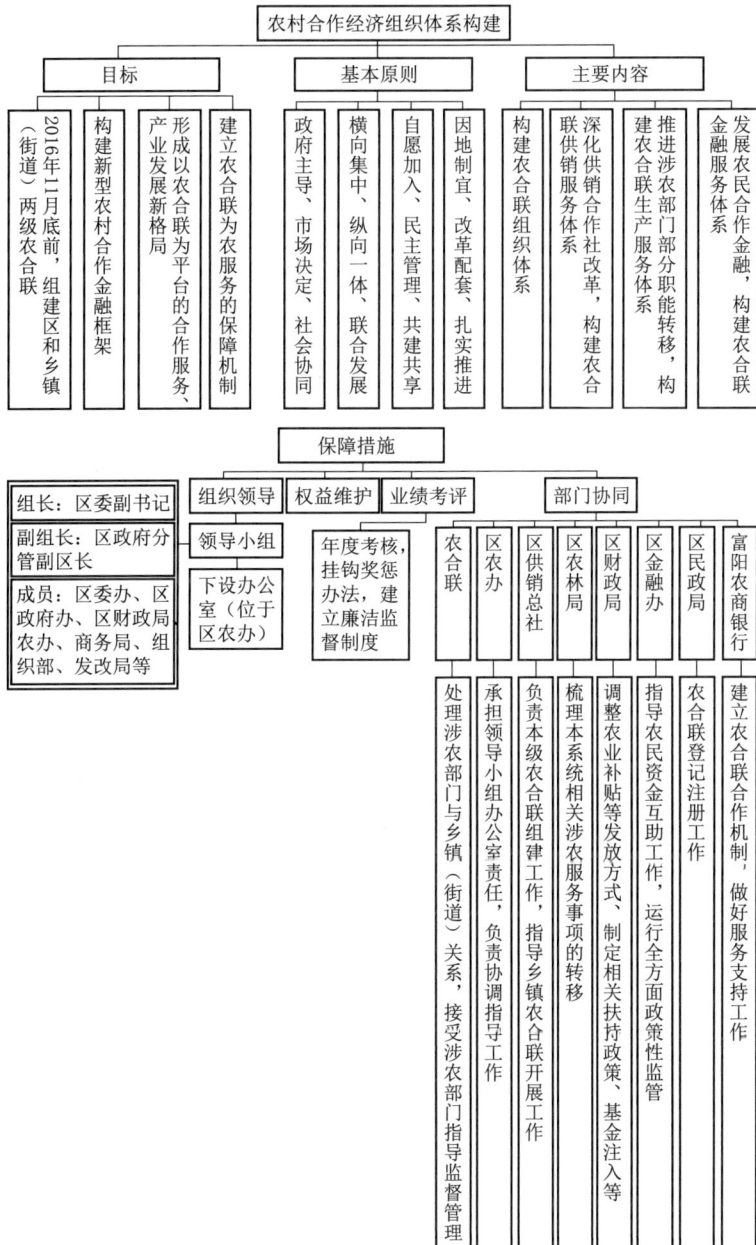

农村合作经济组织体系构建

目标
- 2016年11月底前，（街道）两级农合联，组建区和乡镇
- 构建新型农村合作金融框架
- 形成以农合联为平台的合作服务、产业发展新格局
- 建立农合联为农服务的保障机制

基本原则
- 政府主导、市场决定、社会协同
- 横向集中、纵向一体、联合发展
- 自愿加入、民主管理、共建共享
- 因地制宜、改革配套、扎实推进

主要内容
- 构建农合联组织体系
- 深化供销合作社改革，构建农
- 联供销服务体系
- 推进涉农部门部分职能转移，构建农合联生产服务体系
- 发展农民合作金融，构建农合联金融服务体系

保障措施

组织领导
- 组长：区委副书记
- 副组长：区政府分管副区长
- 成员：区委办、区政府办、区财政局、农办、商务局、组织部、发改局等
- 领导小组
- 下设办公室（位于区农办）

权益维护

业绩考评
- 年度考核，挂钩奖惩办法，建立廉洁监督制度

部门协同

农合联	区农办	区供销总社	区农林局	区财政局	区金融办	区民政局	富阳农商银行
处理涉农部门与乡镇（街道）关系，接受涉农部门指导监督管理	承担领导小组办公室责任，负责协调指导工作	负责本级农合联组建工作，指导乡镇农合联开展工作	梳理本系统相关涉农服务事项的转移	调整农业补贴等发放方式、制定相关扶持政策、基金注入等	指导农民资金互助工作，运行全方面政策性监管	农合联登记注册工作	建立农合联合作机制，做好服务支持工作

图7　关于深化供销合作社和农业生产经营管理体制改革，构建"三位一体"农民合作经济组织体系的实施意见内容框架图

在乡村建设的实施过程中,富阳区各部门之间合理分工、相互协调,各司其职做好组织、实施、监管、审核、保障等工作,促进乡村建设全方面展开。例如乡镇(街道)主要作为项目创建责任主体;农办主要负责协调指导工作;区财政局负责创建项目补贴政策制定、发放等工作。富阳区乡村建设工作的稳步高效开展,得益于政府的强有力领导以及各部门之间的协同合作。

(二)产业发展

为进一步优化农业产业结构,推进农业转型升级,重构农业产业城乡一体化发展新格局,促进农村经济社会全面协调可持续发展,富阳区提出整合完善农业(民)产业发展政策的意见(表3),通过培育、扶持、示范、奖励等措施推动现代农业发展,做大做优做强农业产业、民宿经济、综合园区、品牌农业,规范土地流转,抓好农民素质培训,全面提高农业发展水平。为打造富阳区休闲农业产业综合园区"升级版"(表4),推动新农业走向一、二、三产有机融合,农办也积极出台创建实施意见指导农业发展,培育美丽经济新亮点。

进一步整合完善农业(民)产业发展政策的若干意见 表3

总体目标	重点安排	政策措施	其他
推动现代农业发展 做大做优做强农业产业、民宿经济、综合园区、品牌农业 规范土地流转、发展规模经营 抓好农民素质培训 抓好政策性农业保险	区财政年度预算安排4650万元,重点扶持休闲农业综合园区建设、政策性农业保险、农村电子商务发展及其他交办的重要工作等	夯实农村产业基础(开展专业培训,培育新型农民;精准扶贫,确保低收入农户增收;深化农村确赋权改革,盘活集体资产);力推农村产业发展(鼓励农产品销售;加强品牌建设;打造休闲农业综合园区;抓好政策性农业保险);发展民宿经济;发展互联网	资金及项目采取竞争性分配方式,由财政局、区农办制定办法;对弄虚作假者追回资金,三年内取消申报财政补助资金资格

杭州市富阳区休闲农业产业综合园区创建实施意见(试行) 表4

总体目标	创建要求	评级	验收	补助
规划设计统一品牌、星级评定细则、创建技术标准、视觉形象和空间形象,通过产业综合园区规划、创建、营销、扶持等,打造富阳区休闲农业产业综合园区"升级版"	注重园区规模效益(规模经济;产出效益;三产融合;带动效益) 完善基础设施配套统一园区品牌形象(一个品牌对外推广;一套标准规范形象) 推动特色旅游开发科学发展 保护环境绿色发展 提升经营和营销能力 规范财务制度	经营主体申报 ↓ 乡镇(街道)初审 ↓ 区农办组织评定(星级等级分为一星至五星,本实施意见三星级为起评级)	三星级园区需达到350分,四星级400分,五星级450分(总分500);证书及授牌有效期1年,到期后由农办组织重新审查;出现停业等情况取消星级资格	以奖代补形式;三星级60万元,四星级80万元,五星级100万元;其他专项资金等

(三)农民培训

农民作为乡村建设的主体,应在这一过程中担负起更为重大的责任,提升乡村建设水平,就需要提升农民的综合素质。对此,富阳区人民政府下发了富阳区新型职业农民培育认定管理办法的通知，从教育培训、认定管理、保障措施等方面规范新型职业农民培育认定及管理工作，加快构建现代新型农业经营体系。同时结合区政府关于加快发展现代职业教育的实施意见（表5），建立全区成人教育统筹管理机制、特色职业教育体系推动富阳区现代职业教育发展，共同助力农民综合素质提升。

区政府关于加快发展现代职业教育的实施意见　　　　　　　表5

总体目标	深化改革与创新发展	提升内涵，强化服务	保障措施
推进中职教育布局调整及资源整合，建立全区成人教育统筹管理机制，形成特色职业教育体系，做到理念先进、布局合理、内涵发展以及服务提升	改革办学模式；深化校企合作；建立现代治理机制，创新学校管理方式；构建特色文化，提升学校品质	统筹全区职教资源；加强学校专业建设；优化师资队伍建设；加快推进信息化工程；提升职教服务能力；加强国际交流与合作	落实政府统筹管理职能；完善职业教育经费保障政策；深化认识制度改革；营造职业教育良好舆论环境

（四）资金保障

资金是乡村建设的基础与保障，2016年富阳区通过积极推进财政支农体制机制改革（图8）、出台民宿产业发展专项资金管理办法（试行）、加强农村集体经济审计工作（图9）、进行涉农政府专项资金一般性转移支付改革试点调整（图10、表6）、加强村级非生产性开支监督管理（图11）等举措，规范资金使用，保障集体资产安全完整，发挥财政资金绩效，促进基层党风建设，维护农村社会和谐。在这一过程中，区农办、区财政局等各部门之间的分工合作，为协同推进机制改革和办法落实提供了非常重要的机制保障。

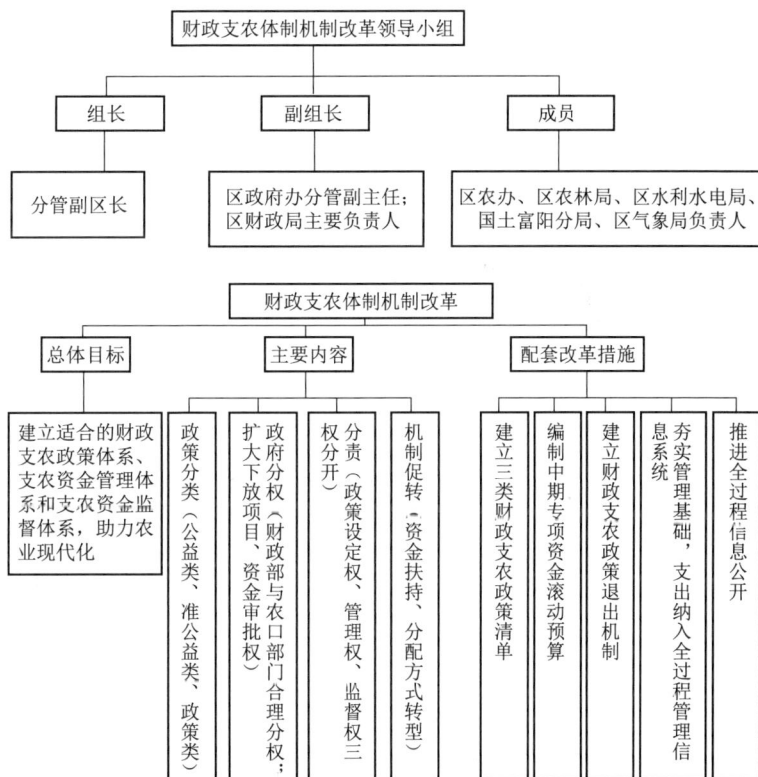

图8　财政支农体制机制改革内容框架图

富阳区农村集体经济审计

审计范围｜审计程序｜审计队伍｜组织领导

审计范围

对象：农村集体经济组织及其所属的单位和使用村提留、乡镇（街道）统筹费、农村义务工、劳动积累工等农民承担费用（劳务）的单位

事项：财务管理制度的执行；资产、负债、损益和受益分配；承包、租赁、转让等合同的签订和履行；集体土地征收征用补偿费的分配使用等

审计程序：开展审计、编制底稿；征求意见；报送报告；复核报告；出具意见；公布结果；实施整改

审计队伍：区农办及区审计局应培育农村审计队伍，建立并监管第三方审计机构备选库；统一审计标准；开展审计人员专业培训及考核

组织领导：
- 区农办：关单位审计工作
- 区纪委：领导、组织协调有关单位审计工作
- 区审计局：加强纪问责力度，查处违法违纪违规案件
- 区政府：加强审计工作业务指导，定期开展业务培训
- 区财政局：加大财政支持力度，保障审计工作经费
- 区民政局：加强审计结果管理，情况监督审计结果公开

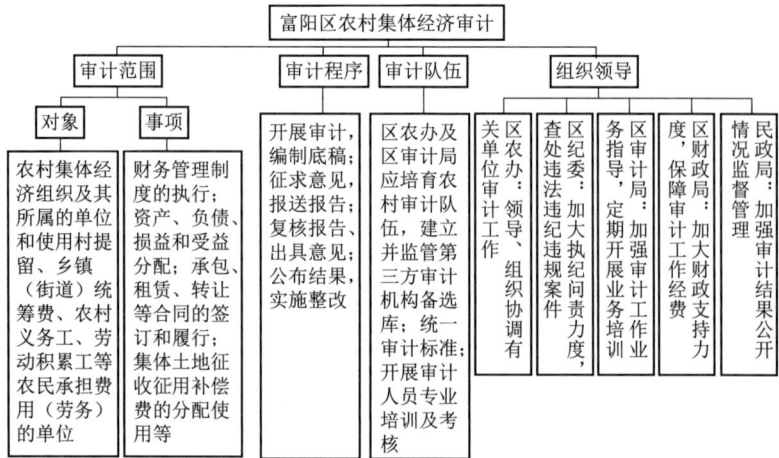

图9　加强农村集体经济审计工作内容框架图

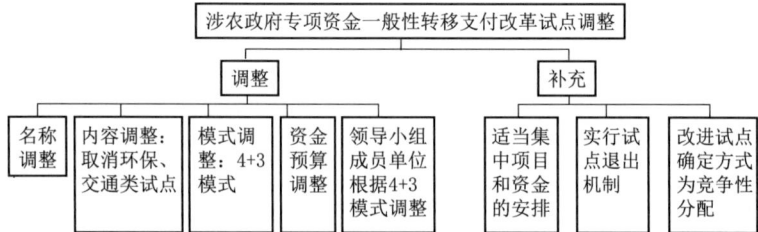

涉农政府专项资金一般性转移支付改革试点调整

调整
- 名称调整
- 内容调整：取消环保、交通类试点
- 模式调整：4+3模式
- 资金预算调整
- 领导小组成员单位根据4+3模式调整

补充
- 适当集中项目和资金的安排
- 实行试点退出机制
- 改进试点确定方式为竞争性分配

图10　涉农政府专项资金一般性转移支付改革试点调整框架图

富阳区涉农政府专项资金一般性转移支付"4+3"改革试点领导小组设置　表6

组长	副组长	成员	其他
区政府	区政府办；区发改委；区财政局	区农办、农林局、水利水电局、发改局、财政局、5镇2街道人员	领导小组下设办公室（地点位于区财政局）

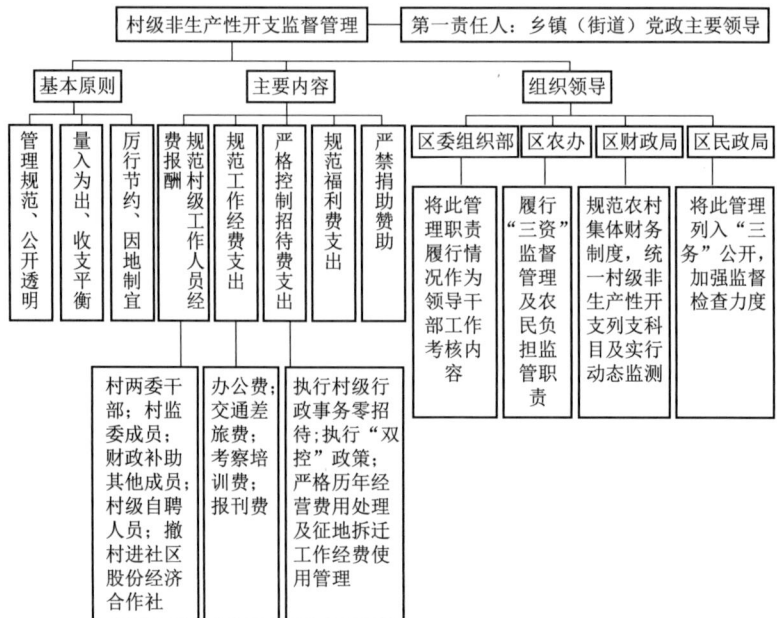

村级非生产性开支监督管理 —— 第一责任人：乡镇（街道）党政主要领导

基本原则：管理规范、公开透明；量入为出、收支平衡；厉行节约、因地制宜

主要内容：
- 规范村级工作人员经费报酬（村两委干部；村监委成员；财政补助其他成员；村级自聘人员；撤村进社区股份经济合作社）
- 规范村级经费支出（办公费；交通差旅费；考察培训费；报刊费）
- 严格控制招待费支出（执行村级行政事务零招待；执行"双控"政策；严格历年经营费用处理及征地拆迁工作经费使用管理）
- 规范福利费支出
- 严禁捐助赞助

组织领导：
- 区委组织部：将此管理职责履行情况作为领导干部工作考核内容
- 区农办：履行"三资"监督管理及农民负担监管职责
- 区财政局：规范农村集体财务制度，统一村非生产性开支列支科目及实行动态监测
- 区民政局：将此管理列入"三务"公开，加强监督检查力度

图11　加强村级非生产性开支监督管理的实施意见框架图

（五）土地利用

在农村土地政策方面，2016年富阳区下发了《富阳区农村土地承包经营权确权登记颁证工作的实施方案》（图12），提出2016年完成土地调查测绘量50%，2017年基本完成确权登记颁证，2018年扫尾并建立电子信息与档案管理系统的总体要求，以此完善农村基本经营制度、保护农民土地权益、健全农村治理体系等。此外，区政府下发的关于全面推进城镇低效用地再开发工作的实施意见（图13），也旨在推进资源节约优先战略，进一步促进富阳区集约用地。

以上两项工作均由成立的领导小组负责统筹协调，结合富阳规划分局、富阳国土分局等相关部门形成整体工作合力，促进农村土地有效高效利用，推动富阳乡村建设快速发展。

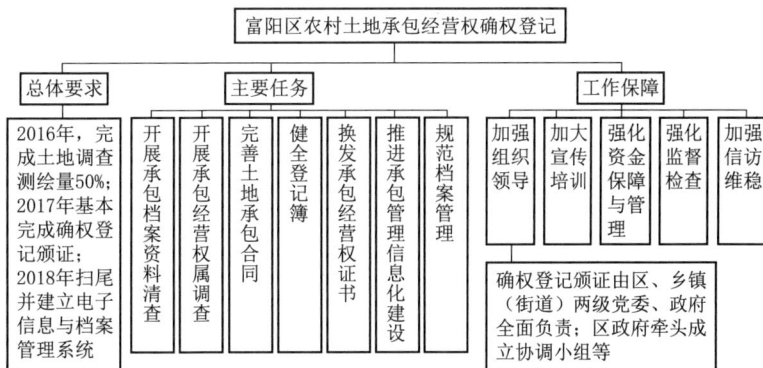

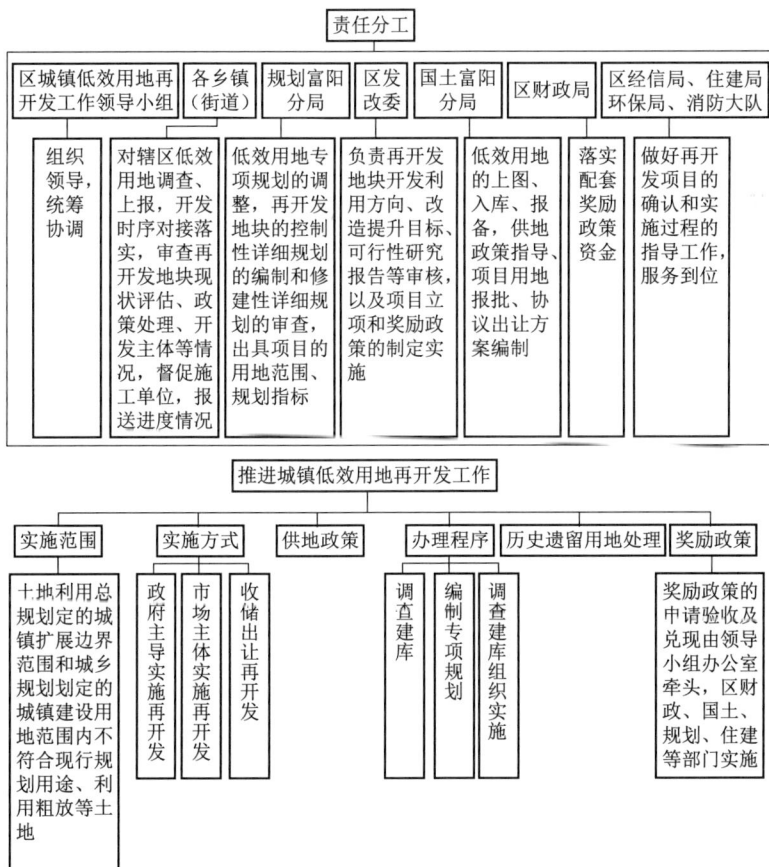

图12 富阳区农村土地承包经营权确权登记内容框架图

图13 关于全面推进城镇低效用地再开发工作的实施意见框架图

参考文献

[1] M.Featherstone. The aestheticization of everyday life[R]. New Orleans,1988.

[2] 陈前虎,等.乡村规划与设计[M].北京: 中国建筑工业出版社, 2018.

[3] 居伊·德波.景观社会[M].张新木译. 南京: 南京大学出版社, 2017.

[4] 蒋雨婷, 郑曦.基于《富春山居图》图像学分析的富春江流域乡土景观探究[J].中国园林, 2015,（9）: 115–119.

[5] 罗震东. 新时代、新经济与美丽乡村建设[R]. 杭州:乡村振兴与规划建设学术交流会, 2018.

[6] 孟凡浩.理想之上 现实之下——杭州东梓关乡村实践[M]//罗德胤.在路上——中国乡村复兴论坛年度纪实(二).北京: 中国建材工业出版社, 2018.

[7] 王澍.浙江省杭州市富阳区洞桥镇文村新建民居[J].小城镇建设, 2017,（10）: 52–53.

[8] 武前波, 龚圆圆, 陈前虎. 消费空间生产视角下杭州市美丽乡村发展特征——以下满觉陇、龙井、龙坞为例[J]. 城市规划, 2016,40(8):105–112.

[9] 武前波, 俞霞颖, 陈前虎.新时期浙江省乡村建设的发展历程及其政策供给[J].城市规划学刊,2017,(6):76–86.

[10] 杭州市城市规划设计研究院.大安顶片区概念规划[Z], 2018.

[11] 杭州市富阳区农业和农村工作办公室.全区农村工作会议资料汇编[Z], 2017.

[12] 杭州市富阳区农业和农村工作办公室."富春山居 美丽乡村"建设"十三五"规划[Z], 2016.

[13] 杭州市富阳区人民政府.杭州市富阳分区规划（2018–2020年）[Z], 2018.

[14] 杭州市规划局富阳分局.洞桥镇生态旅游发展总体规划[Z], 2017.

[15] 浙江厚朴旅游设计有限公司.富阳区洞桥镇贤德片区创建国家4A级旅游景区总体规划及国家3A级旅游景区创建实施方案[Z], 2017.

后　记

天下佳山水，古今推富春。《富春山居图》早已名扬天下，打造各具特色现代版"富春山居图"成为新时代美丽中国建设的重要目标，而《富春山居图》无疑是富阳乃至杭州市的一个乡村理想的终极符号。为再现这样一个文化想象，诗意地栖居富春大地，也为了在乡村振兴中探路子、做示范，各级政府、各界人士都投入了长达十数载的努力与付出。基于此，2018年杭州市规划和自然资源局富阳分局（原杭州市规划局富阳分局）委托浙江工业大学课题组通过开展深入调研、资料分析和经验提炼，最终梳理完成本书。本人作为战斗在富阳乡村振兴第一线的一员，在经年的乡村规划建设中也略形成些鄙见，借本书出版的机会拿出来与各位探讨。

检验乡村振兴的唯一标准是能否留住人，既能提供承载精神的远方，又能提供安居乐业的物质基础。以"形"吸引人，以"核"引来人，以"器"留住人。

纵观我国乡村建设的脉络，从新农村建设到美丽乡村，这一阶段其实是解决了乡村"形"的问题，从形态上满足人民对美好生活的期许。塑"形"解乡愁，是这一阶段富阳乡村建设突围的重要法宝，也是本书重点介绍的内容。"形"固然很重要，但要靠"形"解决乡村问题，是不可行的。因为绝大部分的乡村仍然无法提供全日制的工作，也缺乏教育、医疗、社会保障等安居的配套，即使是那些成名的网红村也不例外，乡村难以真正成为一种现代化的生活方式，这就造成了乡村引不进人、留不住人的现象，尤其是青年人，从而导致乡村衰退。富阳已经意识到造"形"这一模式的后继无力，如何将"形"带来的流量资源进一步转化为具有地方黏性的资本与财富，是富阳目前正在思考的问题。

乡村振兴应该放到城乡统筹的总体格局中去，挖掘乡村发展的内核，抓住新刚需，创造新供给。城与乡是连续的生态谱系，不应该割裂开来，而是应该构建新时代下城乡依存的新关系，进行城乡功能再分配，让城市作为创业就业创富的主平台，乡村成为保障生活品质生命质量的新蓝海，二者互为补充、互为目的。从"核"入手，才能真正引来人，才能将流量固化。在这一阶段，最有可能的乡村新内核有两点，一是农业提质提效，为城市人提供优质的乡村产品。相比城市，农业农产是乡村具备的绝对优势，具有市场唯一性，分品级供给，细分领域做大长尾效应是提升农业附加值的重要方向。二是利用优质环境，大力发展康养和运动休闲产业，充分利用乡村生态资源、农民存量房，发展"农养乐"产业。这是乡村具有的比较优势。随着经济进一步发展，以及区域一体化，市场空间会很大。

乡村振兴应该要具化到"器"，即思考可行的路径和抓手。实现"形"的目的较简单，主要是要抓好乡村规划、乡村设计及落地工作，鼓励一批高水平的设计团队设计一批有核心带动作用的示范村，并注重好五个方面的设计：规划设计、建筑设计、市政设计、景观设计、人文设计等，注重"村庄整体美""建筑单体美""景观乡土美""人文诗雅美"。而要实现"核"的目的就要难得多，一是需要从城乡统筹的角度，对医疗等重大公共服务设施科学布局，在适合康养的乡村布局一些医养结合的三甲医院；二是要贯通城乡人气，高铁、地铁、都市乡村小火车"三铁融合"，解决出行难题，让乡村平时就有大量的游客，从而创造大量全日制工作岗位；三是兴建绿道、徒步线路、营地等，满足新兴的运动休闲浪潮，为乡村增加活力；四是体制机制创新，为乡创人员解决社保和子女教育等后顾之忧；五是引进先进的环保技术和农业技术，兴建保障发展优质高效农业的基础设施；六是做好培训工作，培养好乡村五大员，即规划联络员、社会保障员、综治调解员、文化员、电商员等，并充分做好非遗的挖掘传承和发扬光大；七是创新乡村金融服务，为发展产业提供资本。

乡村振兴还应该具有底线思维。优质的生态本底和社会人文本底，以及城市所无法提供的农业农产资源，是新城乡功能配置中乡村的最大筹码，也是乡村"形—核—器"发展逻辑的基础与起点。在过去的城镇化进程中，乡村一味地追赶城市，以环境换发展，以土地换发展，造成乡村农业凋敝、生态破坏、景观异化、文化迷失、乡土社会结构解体，乡村成为"落后"的代名词，我们应该吸取教训，把握好生态保护、耕地保护、文化保护、社会和谐的底线，留住乡村的根。

乡村振兴是个复杂的巨系统，也是理论交锋的战场，100个人心中有101个乡村想象，有102个乡村振兴的思考，各方面需要考虑的事情还有很多，希望本书能起一个抛砖引玉的作用。

杭州市规划和自然资源局富阳分局　盛国宏
写于富阳2019年盛夏